JN062146

明治維新と天皇・神社

——一五〇年前の天皇と神社政策——

藤本頼生

はじめに

平成三十年は、明治維新から一五〇年という佳節であった。改元からちょうど一五〇年となる同年十月二十三日には、政府主催の明治維新一五〇年記念式典が憲政記念館で開催されたが、先立つこと二年前の平成二十八年十一月四日には、政府から「「明治150年」に向けた関連施策の推進について」と題した通知が出され、政府は関連施策各府省庁連絡会議を設置して平成三十一年三月十九日の同会議の廃止まで「明治一五〇年」に向けた関連施策を推進してきたことは、種々の報道等でもご存知の通りであろうかと思う。結果、政府主導の下で国および都道府県や市町村、民間団体を含めて特色ある施策が実施されることとなり、例えば、首相官邸のホームページに明治一五〇年のポータルサイト（https://www.kantei.go.jp/jp/singi/meiji150/portal/）が設けられたが、同サイトには各地方公共団体において実施された特色ある「明治150年」関連施策の事例が多数紹介されるなど、明治一五〇年を契機として、明治以降の近代日本の歩みを再認識する機会となったことや、現代日本の基礎ともいうべき「明治」の精神を学び、その精神を次世代につなげてゆくという点では意義あるものであったと考える。

一方で、本当にその「明治」の精神は、現代へと受け継がれているのだろうか。明治の終焉から一十年後、昭和六年に詠んだとされる中村草田男の「降る雪や　明治は遠く　なりにけり」の俳句ではないが、改めて考えてみると、昭和四十三年の明治維新一〇〇年の時と比較すれば、当然のことではあるが明治生まれの人々は、少なくとも一〇七歳を超える年齢になっており、その子世代にあたる大正・昭和初期（十年代前半まで）生まれの世代もすでに九〇代から七〇代半ばを迎えている。そのため五〇年前と比較すれば、「明治」の気風を身体感覚、いわゆる体感として知る人々も明らかに数少なくなってきているのも事実である。また、近年の明治維新に関する種々の書籍・冊子等を見ると、ある種、自由に明治維新を批評・著述した書を江湖に問うような時代になったといえるのかも知れないが、その一方で、客観的かつ史料等を詳細に解き明かした研究書や、明治維新史にかかる長年の精緻な学術研究の先行業績等に基づいた一般書の発刊が改めて必要となってきたともいえよう。

本書は、ささやかな営みではあるが諸種の先行研究・業績をもとに、神道史の視点から明治維新の時期に行われた種々の諸改革が天皇・神社とどのように関わるものであったのかということをなるべく平易な形で解き明かそうとする書である。それゆえ、本書は、明治維新が是か非か、勝者か敗者か、薩長か旧幕府軍か、といった維新の光と影をクローズアップするような視点を主とするものではないことはお断りしておきたい。加えて本書は、幕末・明治維新史全体を俯瞰するようなものではなく、慶応三年十月十四日の大政奉還以降、明治元年十月二十八日に武蔵国氷川神社への御親謁が行われるまでの一年間に的を絞った上で、その間に起こった天皇・神社にかかる行政事項について若干の前後関係を踏まえつつ、その経緯と概略を記述したものである。それゆえ、本書のタイトルは「明治維新と天皇・神社――一五〇年前の天皇と神社政策――」とした。一五〇年前の慶応三年から明治元年にかけて社会情勢が激変した時代は、神仏判然の問題や明治の即位式、東京奠都など、いずれも現代にもつながる重要事項である。本書で取り上げたものもあるが、詳細については触れられなかったこともあり、今後もとどまることなく明治以降の近代神道史の研究を丹念かつ精緻に進め、世に問うてゆかなければならないことも多いと執筆を通じて痛感した次第である。

なお、本書の執筆、記載にあたっては、一般の方々に広く読み進めて貰いたいということに加え、幕末や維新期に多少の興味を持った初学者でも広く明治維新期の行政施策による変化と明治天皇の聖業、神社に関する政策を知ることができるような書籍を発刊したいという筆者の思いから、学術的に必要な史料からの引用や、先行業績には配慮しつつも、学術論文のような本文と脚注というスタイルは取らず、本文中に最低限のことを記載しつつも参考資料や文献、当該時期の年表等を後掲することで、本書を通じて明治維新史に興味をもった方々が後で必要な文献資料等を参照できるようなスタイルとした。また、明治初年の僅か一年余だけでも大きく政治体制・行政機構等が変遷しており、日本史に興味がある方々でも文章だけではなかなか理解し難く、できる限り、本文中には登場する事象や人物の理解に資するよう、絵図をはじめとして行政機構に関する図表や人物の写真等を掲載するように心掛けた。

本書は、このような事情で編んだ書であるため明治維新史を重厚に著述したような書とは異なり、ある種風変りな書といえるかも知れない。明治神道史の研究で知られる阪本健一は、かつて「ともかく明治の問題はあらゆる點に於て今日の問題であると私の信じて疑はざるところである」と述べたが、大政奉還や王政復古、五箇条の御誓文など、個々の事項だけでも一書となり得るような歴史事象も維新期には数多く、本書ではこれらの事項を簡潔に記した箇所もあるが、明治維新当初のわずか一年余になされた政策が、その後の近代日本の歩み、現代へとつながる政治や行政の体制の基礎ともなっていることや、とくに現代にもつながる天皇・神社にかかる諸体制の基盤ともなっていることだけは、少なくともご理解戴けるものと思う。

令和二年の秋には、明治天皇と昭憲皇太后を御祭神として祀る明治神宮が大正九年に創建されてからいよいよ一〇〇年という佳節を迎える。前年の十一月には明治神宮ミュージアムも開館し、これから種々の明治神宮創建一〇〇年の記念事業がなされてゆくものと思うが、本書もその明治神宮御創建一〇〇年の佳節に際して発刊できることを本当に有難く思う次第である。

本書を繙くことで、神社のみならず明治天皇の御聖業の起点ともいうべき明治初年頃の幾多の歩みと、この一五〇年余の近代の歩みとの関係性に少しでも思いを馳せて戴くことができれば、筆者としてはこれ幸いである。

目次

維新への胎動──大政奉還から王政復古の大号令へ

慶応三年十月十四日、江戸幕府第十五代将軍であった徳川慶喜は、初代将軍徳川家康が慶長八年二月に御陽成天皇より征夷大将軍の宣旨を賜り、江戸に幕府を開いて以来、二六五年にわたり続いた政権の返上を明治天皇に奏上、翌日勅許された。いわゆる「大政奉還」であり、江戸時代の終焉、武家政治の終焉でもある。

しかしながら、政治権力を朝廷へと奉還して以後も、旧幕府の職制である京都守護職・京都所司代はともに旧態依然としており、元将軍となった慶喜自身も朝廷より当面の間、庶政を委任されていたため、いまだ二条城に居を置く状態にあった。

そのような状態にあってか、奉還後に朝廷が諸侯らを京都に召集して会議を開こうとしても、旧幕府と朝廷との形勢を観望するがために病気や事故などと理由をつけて出席を拒む者や、徳川の臣であるからと公然と朝命を奉ずることができないという者がいる有様で、この時点では権勢が依然として元将軍となったはずの慶喜の側にある状態であった。

また、政権を返還された朝廷にあっても、当時、摂政・左大臣として朝廷の中心にいた二条斉敬は

京都　二条城にて行われた大政奉還
（邨田丹陵画「大政奉還」聖徳紀念絵画館蔵）

公武合体論者であり、国事御用掛として天皇を輔弼して孝明天皇の信任篤かった賀陽宮（もと中川宮、のちに神宮祭主となる久邇宮朝彦親王のこと）も攘夷論者で幕府排斥派であったものの、幽閉を解かれた後は徳川慶喜とも良好な関係にあった（なお、賀陽宮は、十二月十六日に参朝停止となり、謹慎中の翌年八月十六日、慶喜に密使を送り、幕権を回復せんとする謀反の企てありとの嫌疑で二品の位記、親王、弾正尹、仁孝天皇御養子を停止され、広島藩預となる。のちに冤罪だったとして明治三年に赦免帰京）。その他、前関白の近衛忠煕、左大臣の忠房、右大臣の一条実良、大納言の九条道孝らはいずれも公武合体派か穏健派であった。そのため、朝廷内は公武合体派と親幕府の穏健派によって返上された政権を持てあますような状態にあり、結果、大政奉還の直後は、徳川氏が引き続き政治力を保持したままで、責任だけを朝廷が負うような状態にあった。

このような状況のなかで大政奉還を幕府に建白した土佐藩は、後藤象二郎らが公議政体論を主張して幕末の四賢侯の一人、福井藩十六代藩主の松平慶永（春嶽）をも動かし、制度改正局や議事院などの設置実現を提議し、新たな政治体制・組織の構築に向けて尽力していた。

表1　新政府発足時の三職のメンバー

総裁	有栖川宮熾仁親王	参与	岩倉具視(公家)	桜井与四郎(安芸藩士)
議定	仁和寺宮嘉彰親王		大原重徳(公家)	後藤象二郎(土佐藩士)
	山階宮晃親王		万里小路博房(公家)	神山郡廉(土佐藩士)
	中山忠能(公家)		長谷信篤(公家)	岩下方平(薩摩藩士)
	正親町三条実愛(公家)		橋本実梁(公家)	西郷隆盛(薩摩藩士)
	徳川慶勝(元尾張藩主)		丹羽淳太郎(尾張藩士)	大久保利通(薩摩藩士)
	松平慶永(前越前藩主)		田中不二麿(尾張藩士)	
	浅野茂勲(安芸藩)		中根雪江(越前藩士)	
	山内豊信(前土佐藩主)		酒井十之丞(越前藩士)	
	島津茂久(薩摩藩主)		辻将曹(安芸藩士)	

一方、岩倉具視や薩摩藩の大久保利通・西郷隆盛、長州藩の広沢真臣らをはじめとする薩長二藩の討幕派は、公議政体論を圧して天皇親政の政権を樹立するために宮廷内で議論を重ね、十二月九日に宮中学問所にて参内を許された親王・公家・諸侯を引見、御前会議を開催して「王政復古の大号令」を発したのである。

「王政復古の大号令」（以下、本節では大号令と称す）は、慶応三年十二月九日（改暦前であるため、便宜上、新暦に換算すると、一八六八年一月三日にあたる。以下、同じ）に明治天皇の名のもとに発せられた天皇親政の方針を示し、政治体制を改革する旨の文書である。この大号令は、まさに明治維新の基点ともいうべき大宣言であった。この大号令の渙発により、以後の維新の政局は急転回してゆくこととなる。

大号令の内容は、国学者の玉松操が岩倉具視に建言して文案化したとされる「諸事神武創業ノ始ニ原ツキ」という文言に見られるように、古代以降続いてきた摂政および関白、議奏や武家伝奏の制、さらに征夷大将軍および京都守護職、京都所司代等、幕府・朝廷の政治組織の廃止を宣言。その上で総裁・議定・参与の三職を置き、これまでの政治体制を一新することとした。加えて神武天皇がわが国を治めること

図1　明治初年の官制の変遷

三職七科の制
（明治元年１月17日）

三職	総裁
	議定
	参与
七科	神祇事務科（事務総督・事務掛）
	内国事務科（事務総督・事務掛）
	外国事務科（事務総督・事務掛）
	海陸事務科（事務総督・事務掛）
	会計事務科（事務総督・事務掛）
	刑法事務科（事務総督・事務掛）
	制度事務科（事務総督・事務掛）

三職八局の制
（明治元年２月３日）

三職	総裁
	議定
	参与
八局	総裁局（総裁・副総裁・輔弼・総裁局顧問・弁事）
	神祇事務局（督・輔・判事）
	内国事務局（督・輔・判事）
	外国事務局（督・輔・判事）
	軍防事務局（督・輔・判事）
	会計事務局（督・輔・判事）
	刑法事務局（督・輔・判事）
	制度事務局（督・輔・判事）

となった神武創業の精神に基づいて政治を行うことを新たな政治体制の理想として明示・宣言したものでもあった。また、この大号令が発せられたことで皇族、公卿、薩長を中心とした諸藩大名（諸侯）、各藩士らによる連合統一の明治新政府が樹立される契機ともなったのである。

かくして維新の胎動を明示した大号令であったが、この大号令が出される約一カ月前の慶応三年十一月十七日には、神祇官をはじめ旧儀再興の策問が出されており、大号令にて置かれることとなった三職は、政務を総轄し、政府の最高責任者となる官職の総裁に有栖川宮熾仁親王が就任。皇族・公卿・諸侯十人からなる議定には、山階宮晃親王をはじめ、仁和寺宮嘉彰親王（のちに奥羽征討総督となる小松宮）、正親町三条実愛、中山忠能、松平慶永、山内豊信らが就任することとなった。

また三職各局の事務を分担する代表が任命された参与には、公家から岩倉具視や大原重徳らが就任。薩摩藩からは大久保利通、西郷隆盛らが就任し、他には土佐藩の後藤象二郎など主に雄藩からの代表が任命された。

三職の任命によって近世までの朝廷を取り巻く官制が刷新されることとなったが、大号令の渙発後、最初の三職会議となった、十二月九日夕刻からのいわゆる小御所会議（小御所での御前評議）での徳川慶喜の内大臣辞職と幕府領地の奉還（返納）をめぐる激論（いわゆる「辞官納地」問題のこと＝大政奉還に対しての功績であるとして慶喜を政権に参加させるべきで、岩倉らが「幼冲の天子」を擁して権柄を盗もうとするのではないかと指摘する山内豊信らの意見と、これまでの失政に対する反省として慶喜は官位を辞退し、所領を返上すべきで、山内の意見は「今日の挙は一つに皆聖断に出でざるはなし、何ぞその言を慎まざるや」とする岩倉・大久保らとの意見対立の結果、慶喜は三職に加えず、かつ辞官・納地を求めることが山内容堂・松平慶永らの反対を斥けて決定される）に象徴されるように、この時点では、旧官と新官が併存する状況が続いていたため、真の意味での討幕までには至っておらず、結果的に旧幕府軍と政府軍による戊辰戦争の端緒となる鳥羽伏見の戦いに至ることとなった。

慶喜も新政府への参画を目論見、自身の議定就任を取り付けようとするが、結局一時は武力衝突まで考えたものの、内乱や武力衝突、朝敵となることを恐れ、会津・桑名両藩主と同藩兵士らを連れて、十二月十二日に大坂城へと退去している。

三職の制はその後、三職七科（課）制、三職八局制と変遷し、慶応四年閏四月の政体書によって廃止され、明治太政官制度へと移行した。これらの機構改革に伴って、七科のうちには神祇事務科、八局には神祇事務局が御所の内に設けられた。その後、政体書によって神祇官が置かれて神祇祭祀のこと

小御所会議の様子
（島田墨仙画「王政復古」聖徳紀念絵画館蔵）

などを掌ることとなった。

また、初代の神祇事務科の事務総督には僅かな期間ではあったが、総裁の任にあった熾仁親王の父、有栖川宮幟仁親王（中務卿宮）が就任。幟仁親王は、のちに神道教導職総裁や皇典講究所総裁に就任あそばされていることから、この神祇事務総督への就任は、維新期以降の神祇行政を語る上で特記すべき事項の一つでもあろう。

この太政官制度は、明治十八（一八八五）年十二月二十二日に太政官達第六九号にて制定された内閣制度（同日に定められた内閣職権を含む）と、明治十四（一八八一）年十月十二日に出された「国会開設の詔」に基づき、明治二十三（一八九〇）年十一月に二院制（貴族院・衆議院）の第一回帝国議会が成立するまで存続していたため、実際には、旧来の政治体制そのものの完全な改革に直結したかどうかという点では、未だ議論が分かれるところでもある。

なお、大号令には、「搢紳武弁堂上地下ノ別ナク至當ノ公議ヲ竭シ天下ト休戚ヲ同ク可被遊叡念ニ付」、「舊弊御一洗ニ付言語之道被洞開候間見込有之者不拘貴賤忌憚可致獻言且人材登庸第一之御急務ニ候」とあるが、搢紳（官位・身分の高い人々）・武弁（武士・武官のこと）・堂上（清涼殿に昇殿を許される公

表２　三職七科のメンバー

総裁職

総裁	有栖川帥宮（熾仁親王）
副総裁	三条前中納言（実美）
副総裁	岩倉前中将（具視）

神祇事務科

事務総督	有栖川中務卿宮（幟仁親王）
	中山前大納言（忠能）
	白川三位（資訓）
同掛	六人部雅楽（是愛《よしちか》）
	樹下石見守（茂国）
	谷森内舎人（善臣）

内国事務科

事務総督	正親町三条前大納言（実愛《さねなる》）
	徳大寺中納言（実則）
	越前大蔵大輔（松平慶永）
	土佐前少将（山内豊信）
同掛	辻将曹（維岳）
	大久保市蔵（利通）
	田宮如雲
	広沢兵助（真臣）
	神山左多衛（郡廉）
	中根雪江

外国事務科

事務総督	山階宮晃親王
	三条前中納言（実美）
	東久世少将（通禧）
	宇和島少将（伊達宗城）
同掛	後藤象二郎
	岩下佐次右衛門（方平）

海陸事務科

軍務総督	仁和寺宮（嘉彰親王）
	岩倉前中将（具視）
	薩摩少将（島津忠義）
同掛	広沢兵助
	西郷吉之助（隆盛）

会計事務科

事務総督	中御門中納言（経之）
	岩倉前中将
	安芸少将（毛利元徳）
	西四辻大夫（公業）
同掛	三岡八郎
	小原仁兵衛（鉄心）

刑法事務科

事務総督	長谷三位（信篤）
	細川右京大夫（護久）
同掛	十時摂津（維恵）
	津田山三郎（信弘）

制度寮

総督	萬里小路右大弁宰相（博房）
同掛	福岡藤次（孝弟）
	田中邦之助（不二麿）
	三岡八郎（由利公正）

家のこと）・地下（昇殿を許されなかった官人のこと）という従来の権威・格付などの旧慣を改め、天皇以外一切、貴賤の別なく忌憚なく献言を求め、人材を登用して公議を尽すべきという考え方は、のちに出される「五箇条の御誓文」にもつながるもので、こうした文言が大号令にも記されていたことは、大いに評価されるべきものであるといえよう。

大坂遷都の建白と大久保利通

慶応四年一月二十三日（一八六八年二月六日）、大政奉還から王政復古の大号令、戊辰戦争の幕開けとなった鳥羽伏見の戦いを経て、未だ新政府の基盤が確固たるものとはいかないなかで、参与の大久保利通（当時は通称で一蔵と称していた）は今後の国家経営論的な観点に立って大坂への遷都論を示した。これがいわゆる大久保利通による「大坂遷都の建白」である。

王政復古の大号令は、鎌倉・室町・江戸と長年にわたる武家政権のもとで辛酸を舐めてきた公家らにとっても大きな期待を抱かせたものであったが、内外から人材の登用をするという方針のもとに朝廷改革、新政が開始されたことは、約千年近くにわたって京都にて武家と朝廷との均衡関係のなかで旧来の故実・慣習を重んじてきた公家や諸侯らにとっては、大いに不満を抱くものでもあった。

一方、大政奉還の直後、当初二条城に居を置いていた徳川慶喜は、奉還後の内乱を避けるため、慶応三年十二月十二日に会津藩主の松平容保や桑名藩主松平定敬らと同藩兵士を率いて大坂へと向かっていた。大坂は天下の台所、米倉も多く旧幕府財政の中心地である。朝廷はそもそも四万石程度の財源しかない。この時点では、新政府は九日の小御所会議にて決定された辞官納地にて旧幕府から直轄領であった四〇〇万石の天領地を引き継ぐこととなっていたものの、具体的には何ら進んでいなかった。二十二、二十四日の三職会議では、この時点ではまだ有力であった公武合体派の意見によって納地の代わりに新政府の経費を諸藩とともに負担させることが定められたものの、いわゆる資金源にあたる幕府の金庫や備蓄米をまだ引き継いではおらず、政府は無一文の状態であった。それゆえ、大政奉還後、政治の実権から遠ざかるはずであった慶喜は、大坂到着後の十六日には英・仏・伊・米・蘭・独の外国公使らとの引見を行っており、慶喜自身の責任にて条約を履行する旨を通告している。つまり、将軍職を辞したはずの徳川慶喜は、いまだ政権の実権の一つともいうべき外交権を手放してはいなかったのである。それゆえ、慶喜は十八日に旧幕府の大目付、戸川安愛に命じて王政復古の大号令を廃止するよう、山陵奉行の戸田忠至を通じて有栖川宮熾仁親王へ上申しようとした。しかしながら、上申は熾仁親王へと申し出る前に三職の参与であった岩倉具視や議定の松平慶永らによって敢無く却下されている。

有栖川宮熾仁親王（銅像）

年が明けてからの慶応四（明治元）年一月三日には、前日に旧幕府軍の主力が挙

大久保利通
(国立国会図書館「近代日本人の肖像」)

兵し、薩摩藩討伐のために京都洛外、南郊の鳥羽・城南宮付近で戦闘となった。これが戊辰戦争の端緒ともなる、鳥羽伏見の戦いの勃発である。

鳥羽伏見の戦いにおいては、フランス式訓練を受けたとされる旧幕府軍五、〇〇〇名に加え、会津藩の三、〇〇〇名、桑名藩の一、五〇〇名の藩兵を擁する旧幕府軍は総勢一五、〇〇〇名。これに対して新政府軍の薩長両藩の軍勢は、土佐藩兵を足しても三分の一程度に過ぎず、装備の点でも差異はあまり見られなかったが、指揮官の優劣や旧幕府軍の兵士の士気の差など種々の要因にて会津・桑名両藩の善戦もありながらも旧幕府軍は完敗した。結果、旧幕府軍の兵士らは最高指揮官たる慶喜のいる大坂へとやむなく敗走するに至った。七日には、公武合体派の抵抗もあったものの慶喜追討令が新政府から発せられることとなり、旧幕府軍と新政府軍との形勢が大きく変わったことを察知した慶喜は、同月九日には、旧幕府軍を戦地に残したまま、早々に大坂城を退去して軍艦開陽丸に乗船。老中の板倉勝静と酒井忠惇、会津藩主松平容保、桑名藩主松平定敬らを引き連れて共に海路にて江戸、品川湾へと向かったのである。同日には、三職の副総裁に三条実美と岩倉具視が任命されることとなり、新政府内部の実権が公武合体派から三条や岩倉および藩士出身の参与ら武力討幕派へと移ることとなった。

慶喜が江戸へと退去して約一週間後の十七日、新政府の総裁に就任していた有栖川宮熾仁親王は、新政府の参与となった大久保利通（一蔵）を召してこれまでの慰労とともに、将来の施政について諮問した。その折に大久保は熾仁親王に対して「一大英断を以て親征の大擧を決せられ、先づ石清水八幡宮へ詣し、大坂へ巡幸し、行在所を彼地に定めたまひ、以て朝廷の積弊を一新し、外交・國防等を振張充實せんことを要す」（『明治天皇紀』第一）と、天皇の大坂行幸を提案した。また、大久保は大政奉還後、種々の体制を「更始一新」するためにも京都から大坂への遷都を言上した。翌十八日には、大久保は岩倉具視に謁して、遷都の意見を開陳した後、岩倉がこれを副総裁の三条実美に進言することとなった。参与の広沢真臣、後藤象二郎らからも遷都の賛同を得て、二十三日の太政官代、上議事所の評議日に合わせて「大坂遷都の建白」を上議事所へと提出。議定であった土佐藩の山内容堂（豊信）ら有力諸侯に建白を示したのである。

岩倉具視
（国立国会図書館「近代日本人の肖像」）

実は、この大久保の大坂遷都の建白以前にも遷都の要を説いていた者たちもいた。例えば、天皇の大和行幸を主張して大坂遷都を説いた筑前久留米の水天宮祠官、真木和泉守のような尊皇攘夷派や倒幕派による遷都論である。しかしながら、大政奉還以降に国家経営論の観点から説かれた遷都論としては、この大久保の建白が最初であったと考えられている。

大久保の建白は、薩摩の伊地知正治による「浪華遷都論」（慶応三年十一月）を基本的に受け継いだものと考えられており（岡部精一『東京奠都の真相』）、伊地知の論には「京都は土地偏少、人気狭隘、堂々たる皇國の都地に非ず」と記されている。確かに伊地知の説くように、延暦十三（七九四）年の平安京への遷都後、京都盆地北部に東西四・五キロ、南北五・二キロの広大な都城が築かれていたものの、実際には右京側が桂川の形作る湿地帯にあたっていたため、しばしば水害などの難に遭い、わずか数十年で住宅地化することなく以後は荒廃が進んでいた。律令制が形骸化する十世紀にはさらに荒廃が進み、左京側の鴨川周辺を中心に御所や上級貴族の住居が設けられ、都の中軸が形成されており、いわゆる洛中といえば、秀吉以後の御土居でありかつての左京側のことであった。地勢的には江戸期までの街道整備で交通の便や河川水運にも優れ、四神相応の地とされた京都ではあったが、近代化のなかで外交・軍事、物資等運輸の中心となる蒸気船等の大型船舶を停泊する港からは遠く、また既に千年にわたって平坦かつ水害等の難のない平野部分の土地は開発され尽くした観があり、二百六十年余にわたる幕政をなした江戸から改めて政治の中心地となすにあたって、さまざまな建物を新たに築いて国家百年の計を建つべき地としては、いささか狭隘さは否めなかった。

なお、大坂遷都の建白には岩倉具視の副署があり、大久保の建白に岩倉からの後押しがあったことを窺うこともできる。建白には「數百年一塊シタル因循ノ腐臭ヲ一新シ、官武ノ別ヲ放棄シ、國内同心合體」を実現するためには、「遷都」が不可欠とした。また、その地は「外國交際ノ道、富國強兵ノ術、攻守ノ大權ヲ取リ、海軍ヲ起ス等」、親政を執るにふさわしい場所として「浪華ニ如クベカラズ」と記されていた（国立公文書館所蔵『太政類典』第一編　明治元年「参与大久保利通遷都ノ議ヲ上ル」）。千年にわたって築き上げられた京都での慣習に縛られすぎた朝廷や公家社会の弊習に対して、これを払拭するための大胆な方策として、大久保は海や港へ近接しており、艦船等で訪れる外国要人との交際にも適した大坂への「遷都」が必要と考えたのである。

また、近代神道史の阪本健一によれば、のちに五箇条の御誓文と共に下された「御宸翰」の内容にも大久保利通による遷都の建白の精神が念頭にあると考えられている（阪本『天皇と明治維新』）。

加えて建白には、「主上ノ在ス處ヲ雲上トイヒ、公卿方ヲ雲上人ト唱へ、龍顔ハ拜シ難キモノト思ヒ、玉體ハ寸地ヲ踏給ハサルモノト餘リニ推尊奉リテ、自ラ外ニ尊大高貴ナルモノ、ヤウニ思召サセラレ、終ニ上下隔絶シテ其形今日ノ弊習トナリシモノナリ」とある（前掲「参与大久保利通遷都ノ議ヲ上ル」）。なぜ、このような文言が建白に記されていたのだろうか。それはまだこの時点で大久保は、まだ龍顔（天皇のお顔）を拝しておらず、大坂行幸が叶った折の四月九日に初めて天皇に拝謁することが叶うこととなり、京都や関東の状況を奏上したからである。

明治維新の大功労者の一人でもある大久保の拝謁は、公家や藩主にしか拝謁を許されなかったそれまでの慣例を破り、一藩士が天皇に拝謁した嚆矢ともなったのである。十七日には、木戸孝允も拝謁。万国の大勢な

久我建通
（東京大学史料編纂所「古写真データベース」）

大坂天保山から諸藩の軍艦をご覧になる
（二世五姓田芳柳画「明治天皇紀附図」宮内庁所蔵、原題「大坂行幸諸藩軍艦御覧」
〈米田雄介編『明治天皇とその時代──『明治天皇紀附図』を読む──』〔吉川弘文館、2012年〕より〉）

どについて天皇に講じているが、大久保は身に余る幸せである旨と、その折の感激を記している（『大久保利通日記』）。同じく木戸も「感涙襟に満つ」と自身の日記に記している。

一方、この大坂遷都の建白を容認できぬと反発した有力公卿らもいた。その一人が、前の内大臣であった久我建通（維新後に侯爵、皇典講究所副総裁や賀茂別雷神社宮司を歴任）である。一月二十五日に久我は、岩倉具視を訪ね「遷都之事、薩に奸謀有之、是を期して薩長相合大に私権を張り云々」と述べ、大久保が説く大坂遷都論は、薩摩・長州両藩が天皇を大坂に迎えて「私権」を伸長し、別の政権を建てようとする陰謀の意図から出たもので到底容認できるものではないとの批判を述べたのである。

結果、三職による議論では議定の中山忠能

坐摩神社（大阪市中央区）

（明治天皇の外祖父）も反対するなど、公家らの猛反対を受けたこともあって、大坂遷都の実現をみることはなかったが、岩倉や三条実美らの尽力の結果、遷都論を親征行幸論へと一歩後退させることで、反対していた公家や女官らとの融和を図ることとなり、三月二十一日から四十六日間に亘る天皇の「大坂親征」の行幸が実現することとなった。

大坂親征行幸にあたっては、二月三日（一八六八年二月二十五日）に天皇が二条城の太政官代に行幸して旧幕府軍親征の令を下し、三月二十日には紫宸殿に神籬を設けて、天皇が親しく軍神を祀っている。翌二十一日には、広島以下七藩の兵士の先導のもと発輦、東本願寺、淀城等にて小休あそばされた後、石清水八幡宮に到着。豊蔵坊を行在所とされ、御潔斎の後、同宮を親拝。賊徒の平定を祈念されたとある（『明治天皇紀』第一）。

翌二十二日、天皇は八幡宮の行在所を発御された後、守口行在所にて一泊。二十三日には、大坂船場の本願寺別院（津村別院＝北御堂）に着御されたが、以後四月八日の京都御還幸まで大坂に行幸あそばされたのである。

三月二十六日には、天保山での海軍の汽走軍艦の演習親閲を行うが、『明治天皇紀』第一には「天顔特に麗し」と

二条城太政官代へ初めて行幸あそばされる
（小堀鞆音画「二条城太政官代行幸」聖徳紀念絵画館蔵）

あり、天皇が軍艦親閲に満足であったことを窺い知ることができる。また、薩摩・長州・土佐・安芸四藩の兵士らの調練も親閲あそばされたほか、四月十七日には、坐摩社（現・坐摩神社）に参拝。神祇事務局権判事であった福羽美静を召して『古事記』を講釈せしめられている。同二十日には、住吉社（現・住吉大社）へも御参拝あそばされているが、この大坂行幸にて天皇が旧来の朝廷から解放され、京都御所の建春門を出でて外部の世界を御覧あそばされたことは、まさに大久保の目論見の一つでもあったといえよう。

また、大久保は、遡ること二月の初旬に議定の岩倉具視に対して、天皇が御所の表御座所にて万機を親裁し、この際には女房の出入りを厳禁することや、毎日、参与をはじめとする新政府の首脳らと面会し、識者を侍読に任じて内外の形勢について勉強するような時間を設けたほか、天皇に乗馬の訓練をも行うよう、宮廷改革を提言していた（『大久保利通日記』）。天皇は、前述の通り慶応四年二月三日に初めて二条城の太政官代に行幸あそばされたばかりであり、大久保のこの宮中改革の提言には、当時まだ齢十五歳半ばで角髪、薄化粧姿であった明治天皇を近代国家の天皇像にふさわしい姿へと、天皇の生活空間や佇まいを改めるような提案も含んでいたことも併せて付記しておきたい。

なお、直接関係する事柄ではないが、天皇がこの親征行幸の折に参拝した坐摩社は、その後、明治四年五月に制定された社格制度にて府社に列格し、昭和十一年五月二十一日に官幣中社に列格している。また、住吉社についても明治四年五月十四日に官幣大社に列格することとなった。坐摩社付近には、天皇が行在所とされた北御堂（本願寺津村別院）も所在し、行幸された南御堂（真宗大谷派難波別院）もあることからみても、大坂船場の地は神仏双方ともに天皇の親征行幸に所縁深い地でもあるといえよう。余談であるが、親征行幸から一五〇年余後の現在、坐摩神社の境内には、神社本庁の出先機関たる大阪府神社庁や旧大阪府皇典講究分所に遡る歴史を持つ全国唯一の通信教育による神職養成機関の一般財団法人大阪國學院が所在しており、同社境内が大阪府内の神社にかかる諸施策や神職養成を担う一拠点ともなっている。

京都に「学校掛」を設置

新政府の発足は、政治体制を変革しただけではなかった。旧幕府時代に各藩の藩士の子弟を教育するために置かれていた学問所たる藩校と庶民教育を担った手習所（寺子屋）、その中間たる郷学という旧来の教育のあり方をも変革することとなった。その契機となったのが、慶応四年二月に新政府によって京都に置かれた「学校制度取調掛」、いわゆる「学校掛」のことである。新政府の教育政策、とくに近代国家建設のための人材育成に必要な学校＝大学創設計画は、まず京都において開始され、その後、政治の中心が東京へと移った後は、東京で展開されたのである。維新政府における大学創設計画には、京都と東京との二つの流れに加え、国学・洋学・漢学という三つの学問による思想的系譜とが相俟っており、対立と抗争が繰り返され、最終的には欧米の制度を取り入れた大学創設へと舵を切ることとなる。本節では、この「学校掛」に任命された国学者たちによって、翌月までに国学を中心とした最初の学校制度案である『学舎制』が取りまとめられ、三月二十八日には総裁より政府部内、つまり内国事務局をはじめとする各事務局へと回覧に供されることとなった点について触れ、新政府の京都における未完の大学創設計画について述べたい。

「諸事神武創業ノ始ニ原ツキ」とした「王政復古の大号令」ではあったが、この大号令が出されて間もなく、鳥羽伏見の戦いが勃発し、戊辰戦争が開始された。新政府は、旧幕府軍との戦いに忙殺されつつも、新政府が進める国家体制の変革を早急に進め、政治を安定させてゆくという難題に立ち向かう必要があった。それゆえ、新政府は、近代国家の建設のため山積する問題に対処する体制を整えるべく、慶応四（明治元）年二月三日に、総裁・議定・参与や内国事務科などをはじめとするこれまでの三職七科の制を改めて、新たに三職八局の制を敷くことで諸問題への対策を施さんとしたが、これにより七科のうちの神祇事務科も八局の一、神祇事務局へと衣替えすることとなった。また、前述したように国家経営の観点からは、旧慣に縛られた朝廷や公家社会の弊習に対して、これを払拭するための大胆な方策として、京都から海へ接した大坂への「遷都」が必要と考えた参与人久保利通の「大坂遷都の建白」が出されたが、その一方で行政施策としては遅れがちな分野ではあったものの、のちに大教宣布運動ともなる、一般の庶民に対して、明治維新と神武復古の理念、祭政一致の国家体制を知らしめる国民教化のための運動や、近代的な教育機関を創設して西欧文明に対応できる次代を担う人材を育成するという教育面での改革も必須となっており、早急に着手すべきものであった。事実、公家社会にあっても、世情が混乱していた幕末頃には一般社会との接点も限られていたこともあってか、品行の乱れや子弟の教育もままならない状態にあり、弘化四（一八四七）年に御所内部に「学習院（学習所）」が設立されたことで、尊皇攘夷派と公家社会とをつなぐ窓口となっていた。

新政府は、こうした教育・教化にかかる問題の糸口として、まず慶応四年二月二十二日（一八六八年三月十五日)に学校教育制度の問題へと着手する。

この明治初年の学校教育制度への着手と、その人的事情、思想的事情については、近代神道史の阪本是丸が著した『明治維新と国学者』に記されており、その詳細は同書や国文学の野山嘉正、長島弘明らの論考に譲るが、おおよその概要について記しておくと、まず政府は、王政復古の大号令の内容を岩倉具視に建言した玉松操をはじめとして、平田篤胤の養嗣子の平田鉄胤、矢野玄道の平田派国学者三名に対して「今般學校御取立ニ付而者、制度規則等取調之儀被仰付候間、銘々申談、急速可取計候事」と下命、「学校制度取調掛」に任命した。なお、平田は同年二月二十日付で神祇事務局の書記に任ぜられていたが、僅か二日後の同二十二日に書記を免ぜられており、参与職神祇事務局判事に改めて任ぜられて学制の取調を命ぜられている。

「假令何様之儀有之候共、一切彼(外国)ニ圧倒不被致候様御規則盛大嚴重ニ相立」と口達された玉松らは、約一カ月をかけて国学中心の学校制度案である『学舎制』を完成させた。『学舎制』では、教育や文化のよりどころとなる学校制度の根幹を律令制にもみられる「大学寮」の復興という考え方のもとに、学舎内には「皇祖天神社」を祀るべきことや、中心となる本教学に加え、経世学・辞章学・方伎学・外蕃学といふ五科を基本とし、漢学とともに近代化の要請に応えて洋学を取り込もうとした学科目構成であった。この学舎制案は、三月二十八日に各事務局に「尚篤ト吟味見込之旨承知致度」と回覧に供されたものの、多数の同意を得られるまでには至らず、結果、「各局ノ答議見ル所ナシ」として机上の計画で終わることとなった。その一方で『学舎制』においては「外蕃学」の一科にすぎない漢学を主とした京都の旧学習院が三月十二日に内国事務局によって同十九日から再興、開講する旨の達を出されており、四月十五日には「大学寮代」と改称、九月には梶井宮邸に漢学所を置いて、漢学所と皇学所を分離した上で、まず漢学所から先行して開講することとなった。その後、皇学所が九条邸にて開講されることとなった。

この間の事情についても少し述べておくと、玉松ら、いわゆる「学校掛」は、閏四月二十一日の官制改革にて廃官となったが、学制案自体は、参与であった薩摩藩士の岩下方平がその任にあたることで引き続き検討されることとなり、軍務官判事試補で岩倉具視の知遇を得ていた長谷川昭道が、岩倉から学制案を一任され、皇学院のもとに国学・兵学・漢学・洋学の四寮を置くことを提案した。しかしながら玉松ら三名はこれを拒否した。結果、政府は九月十六日に皇漢両学を併存させるべく、皇学所、漢学所の開設を決定したのである。

玉松らは、この折に改めて皇学所御用掛に任命されたが、『学舎制』の理念を引き継いだ皇学所は、改元された明治元年十二月に九条邸から二条邸に移された上で、授業科目等を細かく定め、三十歳未満の「宮・公家・非蔵人・諸官人」を対象に開講された。皇学所の「示達」に示された規則には、「一　毎年正月御開講日　古事記表文義講　二十七日　講釋　古事記　三八日　同　令義解・四九日
會讀　日本紀　五十日　講釋　萬葉集」とあり、現在でいうところの神道古典が講釈に取り上げられていたことなどは、興味深い点でもある。

しかしながら、皇学所は明治二年九月に閉鎖となり、十二月には漢学所も合併となり、「大学校代」

東京・飯田橋にある皇典講究所発祥記念碑

となるが、明治三年七月に廃校となった。その一方で、江戸にある旧幕府の昌平黌（昌平学校）・蕃所調所（開成所）・医学所の再編成も着手すべく企図され、明治二年六月十五日に太政官から、昌平学校を大学校（のち大学本校と改称）とし、開成学校（大学南校）・医学校（大学東校）をその分局とする旨の「学校規則」の達が出されることとなった。同学校規則には大学校設立の趣旨等が書かれているが、そこには日本の国体を明らかにすべく、皇道（皇学・国学）を中心に据えて、漢学・洋学をその両翼に位置付けようとしたのである。野山嘉正によれば、二年八月にはこの新制「大学校」において本居豊頴が建議し、学神祭が行われたが、これは京都の皇学所で行われた儀式に範を仰いだと考えられている。大学校には皇学（国学）派としてかつて学校掛の任にあった平田鉄胤をはじめ、権田直助や黒川真頼、榊原芳野らの教官を擁しており、大学別当には越前藩主松平慶永が就任している。

しかし、制度の変革は、結果として一年と経たぬうちに皇学（国学）派と漢学・洋学派との対立、国漢学派と洋学派の対立、争いが激化することとなり、明治三年七月に改称した大学本校が廃止となる事態にまで発展した。そこから残った南校と東校が実質的な「大学」の中心となり、この流れが数度の改編を経て最終的には明治十年の東京大学の開学（のち明治十九年に帝国大学令にて帝国大学となり、皇学所・漢学所以来の大学学制改革の改編にいったん終止符を打つが）へとつながることとなったが、同大の国学考究の系譜については、紆余曲折があり明治十五年の古典講習科の設置（十八年四月に募集停止）へと下ることとなる。

旧幕府時代の文化・教育の流れでもある開明的な諸政策を奪取した新政府であったが、その一方で維新後の官立高等教育機関の開設は、江戸ではなく、京都において国学を中心とする皇学所の開設から始まったという点が挙げられる。

そしてもう一点は、『学舎制』の発表以後、とくに明治維新を推し進める上での思想的原動力の一つであった「国学」が復古と開化という、相矛盾した考え方の中で維新後の近代化の種々の施策に翻弄されながら揺れ動いてゆく一つの転換点ともなったということである。

時代に翻弄された「国学」の華が、近代において今一度開花するには、明治維新より十年余経た後の明治十五年十一月四日、東京大学とは別に、東京の麹町区飯田町五丁目（現在の千代田区飯田橋三丁目、東京区政会館が所在する地）に古典の講究と神職の養成・資格付与のために設立された皇典講究所（戦前期における國學院大學の母体）の開黌を待たねばならなかったのである。

神祇官再興の布告

神祇官再興の布告は、慶応四年三月十三日(一八六八年四月五日)に出された神祇にかかる官制の改革方針を示した布告であり、「神武創業ノ始ニ基ツ」いて、諸事御一新、祭政一致の制に復し、律令の制にもみられた神祇官を再興して天皇親らその実を示し給うことを指し示したものである。

この神祇官再興の布告は、前出の王政復古の大号令と密接不離の関係にあり、明治天皇の御聖業の中でも特筆すべき事項の一つである。また、慶応三年十一月十七日に出された「神祇官を始め旧儀再興の策問」(一〇一頁参照)とも関連するものでもある。この布告は、国是とする五箇条を天神地祇に誓うという「五箇条の御誓文」が示される前日に次の通り布告された(法令番号第百五十三)。

此度　王政復古神武創業ノ始ニ被爲基諸事御一新祭政一致之御制度ニ御回復被遊候ニ付テハ先第一神祇官御再興御造立ノ上追々諸祭奠モ可被爲興儀被　仰出候依テ此旨五畿七道諸國ニ布告シ往古ニ立歸リ諸家執奏配下之儀ハ被止普ク天下之諸神社神主禰宜祝神部ニ至迄向後右神祇官附屬ニ被　仰渡候間官位ヲ初諸事萬端同官へ願立候樣可相心得候事
但尙追追諸社御取調并諸祭奠ノ儀モ可被　仰出候得共差向急務ノ儀有之候者ハ可訴出候事

この布告の趣旨は、これまでの政治体制の役職でもあった征夷大将軍（将軍）や摂政・関白の廃止などによって諸政を一新し、天皇親政の世に復したことに際して、その根本には神々を祭るとともにその御心を基本にして諸政を執行することに置くというものである。

そのためには、まず以て往古の大宝律令に示された諸制に倣って、神祇官を再興して中世以来衰微していた諸祭儀を復興するとともに、これまで行われてきた賀茂伝奏や石清水伝奏のような、公卿が執奏する神社伝奏の形式を廃止し、全国の神社・神職を原則、神祇官が管轄するものとする。そして、これまでの神祇伯家である白川家や、神祇管領長上を自称していた吉田家をはじめ、諸家執奏のもとに実施されてきた神階、神号の奉授と神職の叙位、補任、装束着用の神道裁許状などを改正し、以後は神祇官の取り扱うものとするというものであった。

亀井茲監
（宮内庁三の丸尚蔵館所蔵、「明治十二年明治天皇御下命『人物写真帖』」より）

この布告が出された後、同年閏四月二十一日に「五箇条の御誓文」の趣旨に沿って新政府の体制を定めた「政体書」が公布された。いわゆる「政体書官制」のことであるが、同官制では三職八局を廃止し、大宝令の古制に倣う形で太政官のもと、議政・行政・刑政の各官が置かれ、行政官の下に神祇官や会計官・軍務官などの各官が置かれた。これにより正月十七日に神祇・内国以下の七科を置く三職

図3　明治初年の官制の変遷

政体書官制（明治元年閏4月21日）

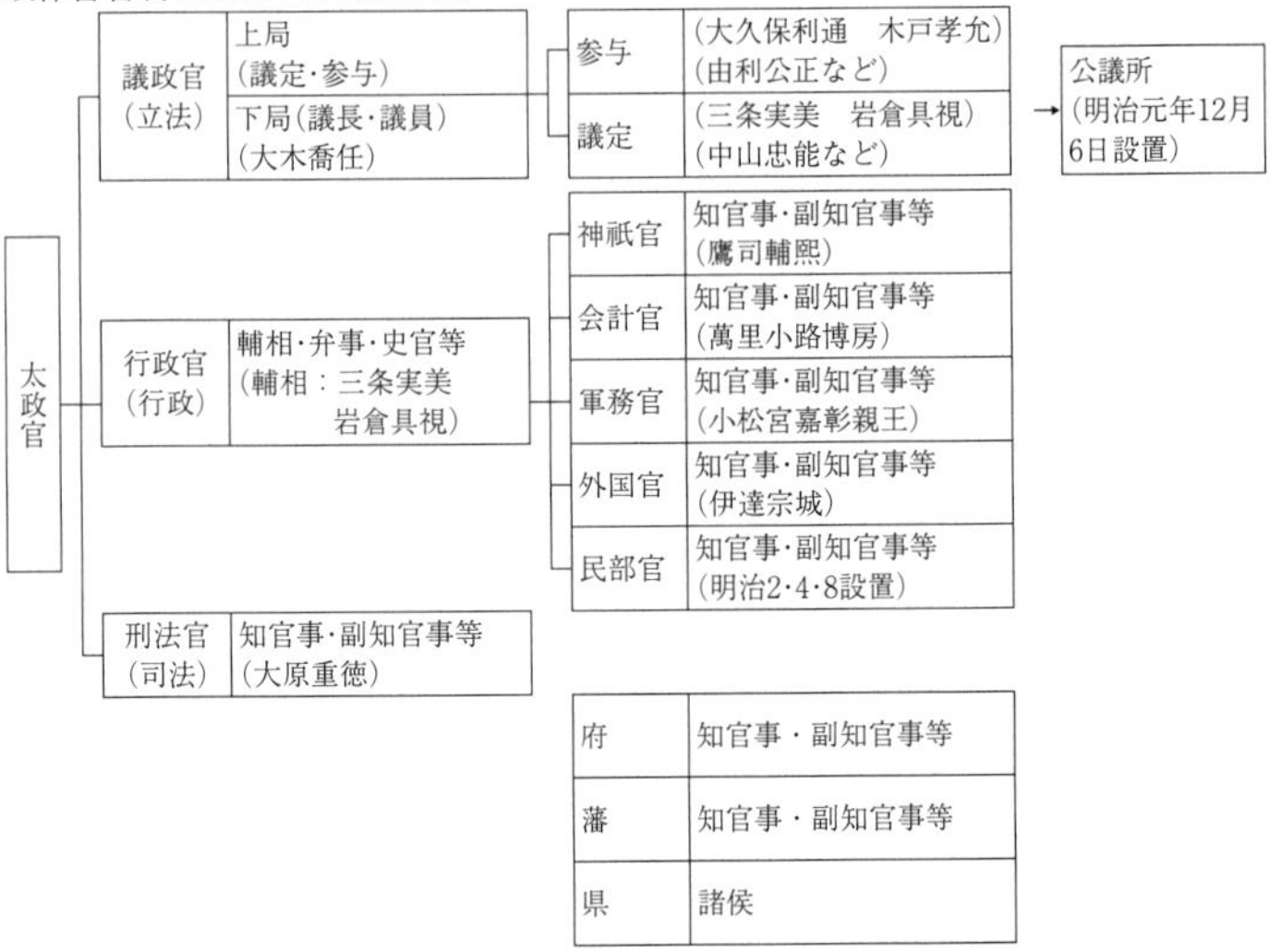

分科制によって設けられた神祇事務科から二月三日に神祇事務局となっていた官制が改められ、神祇の祭祀、祝部、神戸の総判を掌る「神祇官」が復活することとなった（明治二年七月八日に職員令官制が出された際と、明治四年七月二十九日に太政官官制が出された際に神祇省が設けられたため、紛らわしいこともあるため以下、便宜的にこの時期の神祇官を「政体書神祇官」と表記する）。

政体書神祇官には、親王・諸王・公卿・諸侯の中から任じられる知官事一人、公卿、諸侯、大夫、士庶人の中から任じられる副知官事一人、判官事二人のほか権判官事、書記、筆生等が置かれた。

政体書神祇官のトップたる知官事には、前関白の鷹司輔熙が任ぜられ、副知官事には、津和野藩主の亀井茲監が任ぜられた。亀井か

図４　明治初年の官制の変遷(その２)

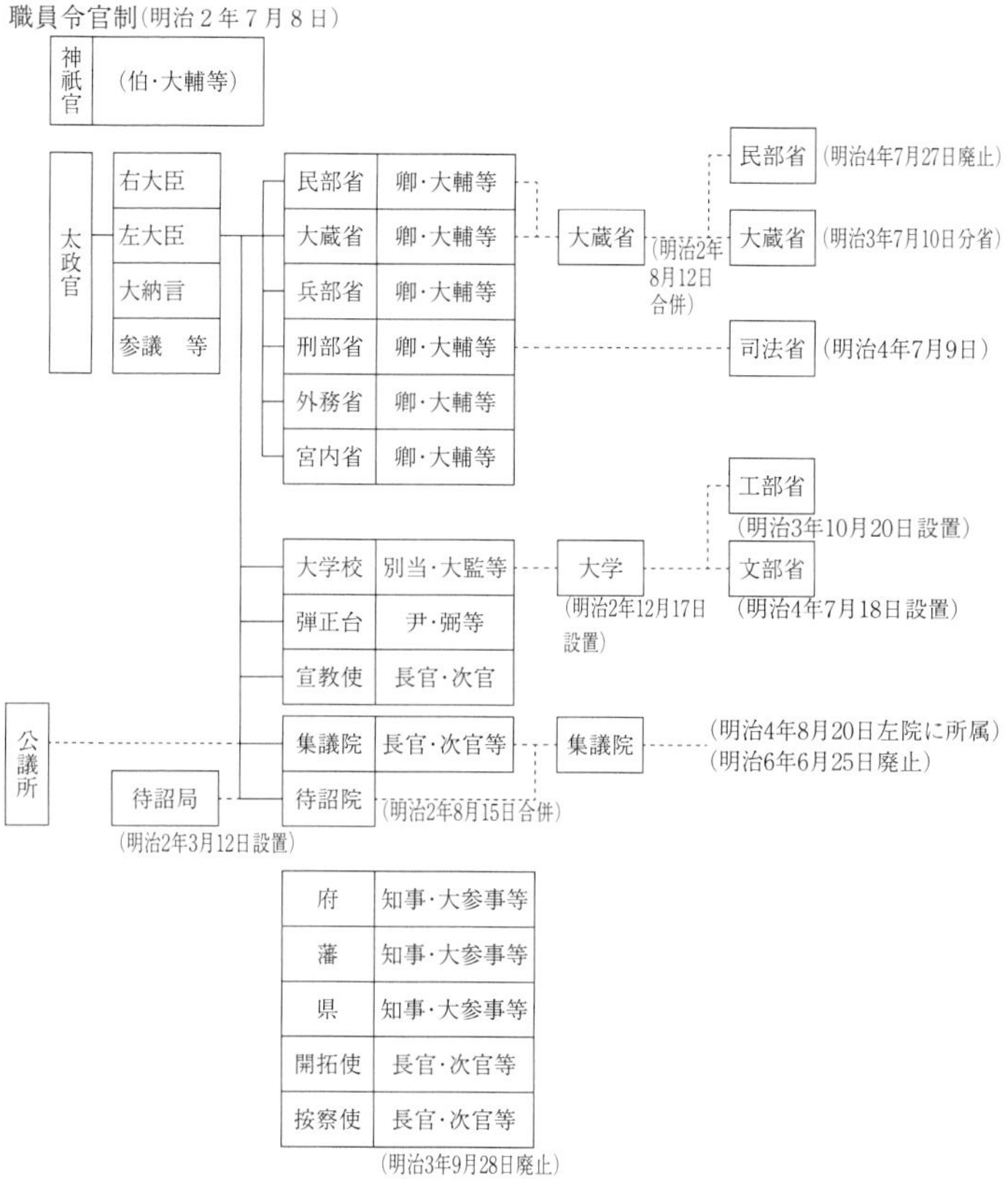

図５　明治初年の官制の変遷（その３）
太政官官制（明治４年７月29日）

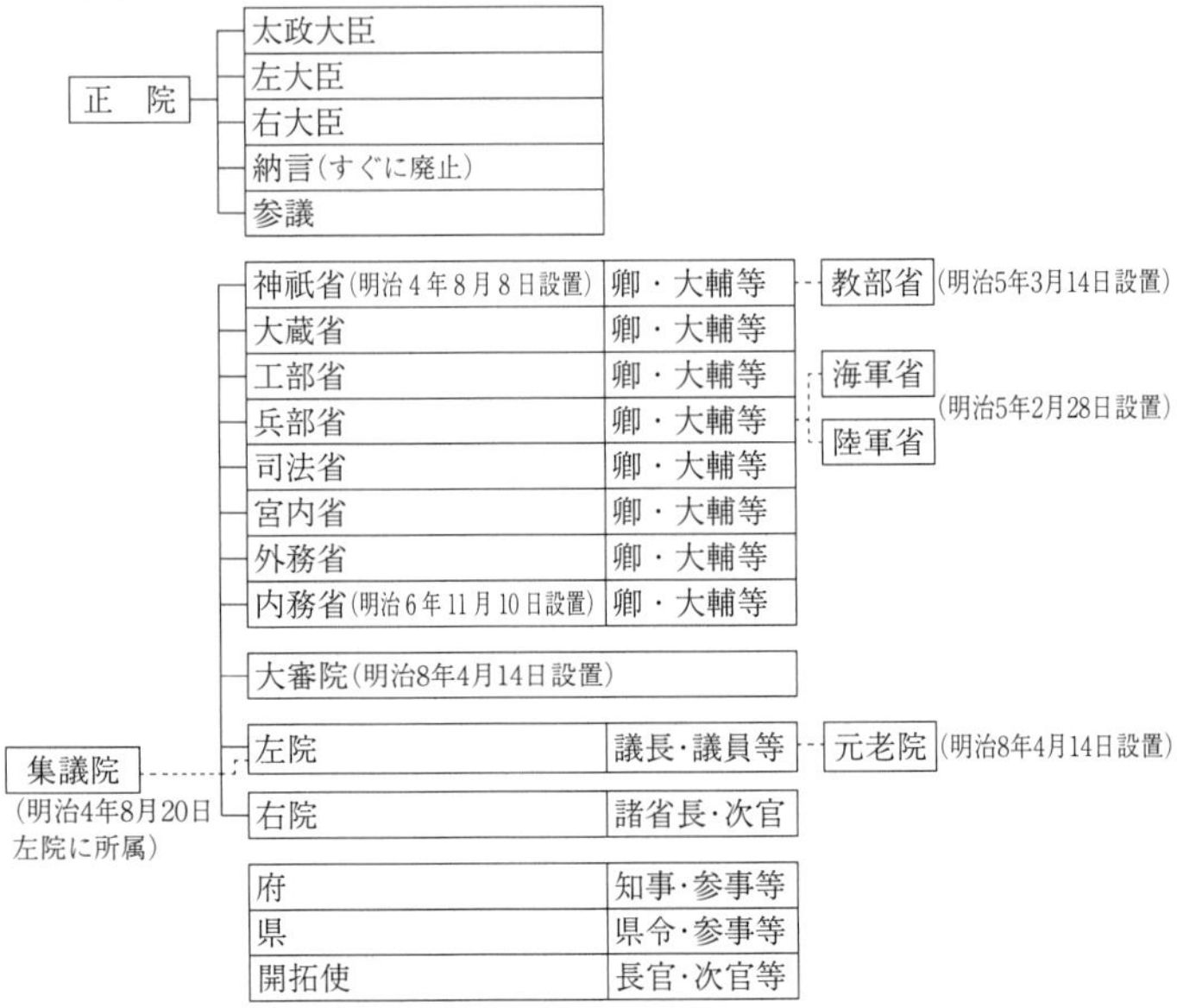

らの推挙を得た津和野藩士・福羽美静が権判官事を経て植松雅言とともに判官事となり、権判事に北小路随光（のち神宮大宮司）、秋田藩士の平田延胤、苗木藩士の青木景通らが任命された。このうち鷹司輔熙はのちに前左大臣の近衛忠房へと交替する。

　こうして明治新政の基礎となった政体書神祇官ではあったものの、制度上、実際には太政官に権限が集中しており、行政四官（太政官の下にあった行政を担う官衙のこと＝神祇官・会計官・軍務官・外国官、のちに民部官が加わる）の一つに過ぎなかったこともあって、政令を発して行政処分をなそうとする場合には、太政官の決裁を経なければならず、独自の権限や活動をするにはやや困難な制であった。それゆえ、常世長胤の『神祇官沿革物語』からは、かかる状態を不備と捉える丸山作楽や三輪田元綱など維新政府に仕える国学者らによって太政官から神祇官を特立させるための働きかけがあったことを窺い知ることができる。明治元年十月には、天皇の東幸に際して神祇官も有楽町一丁目四番地の中山忠能邸に神祇官の表札を掲げて事務を執ることとなった。

明治二年六月十七日（一八六九年七月二十五日）に諸侯から土地（版）と人民（籍）を政府に返還する版籍奉還がなされた後、明治二年七月八日になされた官制の改革（職員令官制）においては、神祇官を特立させ、太政官と並べ置くこととなり、太政官の下に民部、大蔵、外務など六省を置き、形の上で神祇官が諸官の首位となった。神祇官は「祭典を相け、諸陵を知り、宣教を監し、祝部・神戸を管し、官事を総判」が職掌とされ、役職としては伯一人以下、大副や少副などが置かれた。

しかしながら、実際の命令を下すにあたっては、太政官の裁決を仰がなければならなかったため、権限の上では官制改革前の政体書神祇官の制と同様であった。ただし、かつての令制には見られなかった諸陵（歴代山陵の尊崇と大御心を敬すること）や宣教（大教を宣布して万民を教化すること）が加えられていることは新たな制度であった。また、神祇官は中山邸から移転し、二重橋外の馬場先御門内に設けられたが、二年十月には、八神殿再興も定まり、十二月中旬に仮神殿が落成している。

新設された仮神殿には十二月十七日に中央に八神、東座に天神地祇、西座に歴代皇霊が鎮座することとなり、祭祀が執り行われることとなった。翌三年一月三日には、天神地祇・八神および歴代天皇の神霊を神祇官に鎮祭して、孝敬の念を申し述べる鎮祭の詔と大教宣布の詔が発せられ、宣教使の任

明治初期の神祇官庁舎（「東京神祇官全図」部分　国立公文書館所蔵）

務として治教を明らかにして惟神の胎動を宣布せんことが期待されたのである。

しかしながら、その後、八神殿に代わって宮中賢所が国家的重儀の場の一つとして創出されていくこととなる。まず、明治四年九月十四日に「今別紙詔書之通被仰出候ニ付而ハ追而神殿御造立迄現今神祇省中御鎮座之皇靈當分賢所へ被爲遷候事」という御沙汰があり、九月三十日に太政大臣三条実美が祝詞を奏上して歴代皇霊が神祇省より宮中賢所同殿に遷座された。続けて明治五年四月二日には、八神と天神地祇に二座を宮中賢所御拝殿に奉遷したことによって、宮中三殿の原型が成立する。同五年十一月二十七日に八神殿を神殿となす布告（太政官布告第三七七号）が出されて、八神殿の称を廃止して神殿と称することとなった。しかしながら、翌六年五月に宮中で不慮の大火があり宮中三殿ほか皇居が焼失したことから、赤坂の仮皇居へと遷されることとなったが、十年一月三日には歴代天皇に加え、歴代の皇后・皇妃・皇親をも奉祀することとなり、新皇居が御造営された直後の二十二年一月九日に赤坂仮皇居から新たに皇居上道灌堀横に建設された現在の宮中三殿へと遷座したのである。

福羽美静らによるこの施策は、祭政の権限を天皇・太政官に一元化することで天皇親祭・親政体制を確立させるという祭政一致観に基づくもので、事実、宮中奉遷に先立つ明治四年七月には太政大臣の三条実美が神祇伯と宣教長官を兼務している。また八月に神祇官は廃止され、太政官の下に神祇省を設置。翌五年三月には神祇省が廃止され教部省が設けられるなど、この時期の神祇行政を担当する機関の変遷は実に慌ただしいものがあった。

一方で神祇官が祭政一致を確立する上で必須だと考える多くの国学者や神職らにとって、このような神祇省から教部省へという行政所掌の施策は到底容認できるものではなかった。以降、内務省神社局、神祇院の設置へと至るまで神祇官復興を目指した運動が近代を通貫するように神職の側から展開していったことは周知の通りである。

なお、明治初年の神祇官再興の経緯についても少し触れておきたい。再興された神祇官の性格・機能については、神祇事務局権判官事などとして維新政府にも仕えた津和野藩の国学者・大国隆正の影響があったことはいうまでもない。大国は明治初期の神祇行政を統率、その確立に尽力した福羽美静を門人とし、影響を与えたことでも知られるが、大国以外にも、例えば薩摩藩の諏訪神社祠官で勤皇家としても知られた井上長秋は、阪本健一がその事績を記したように、山階宮に仕えながら近衛家にも出入りして公卿らと接触し、兄の藤井良節とともに、岩倉具視へ神祇官の復興を働きかけていたことが知られている（阪本『天皇と明治維新』同『明治神道史の横顔――思想・制度・人物でたどる明治の神道――』）。

また、神祇伯家であった白川家でも国学者・矢野玄道による神祇官再興の運動はもとより、関東で

図６　明治維新期以降の神事関係官庁の沿革（明治元年～明治 10 年まで）

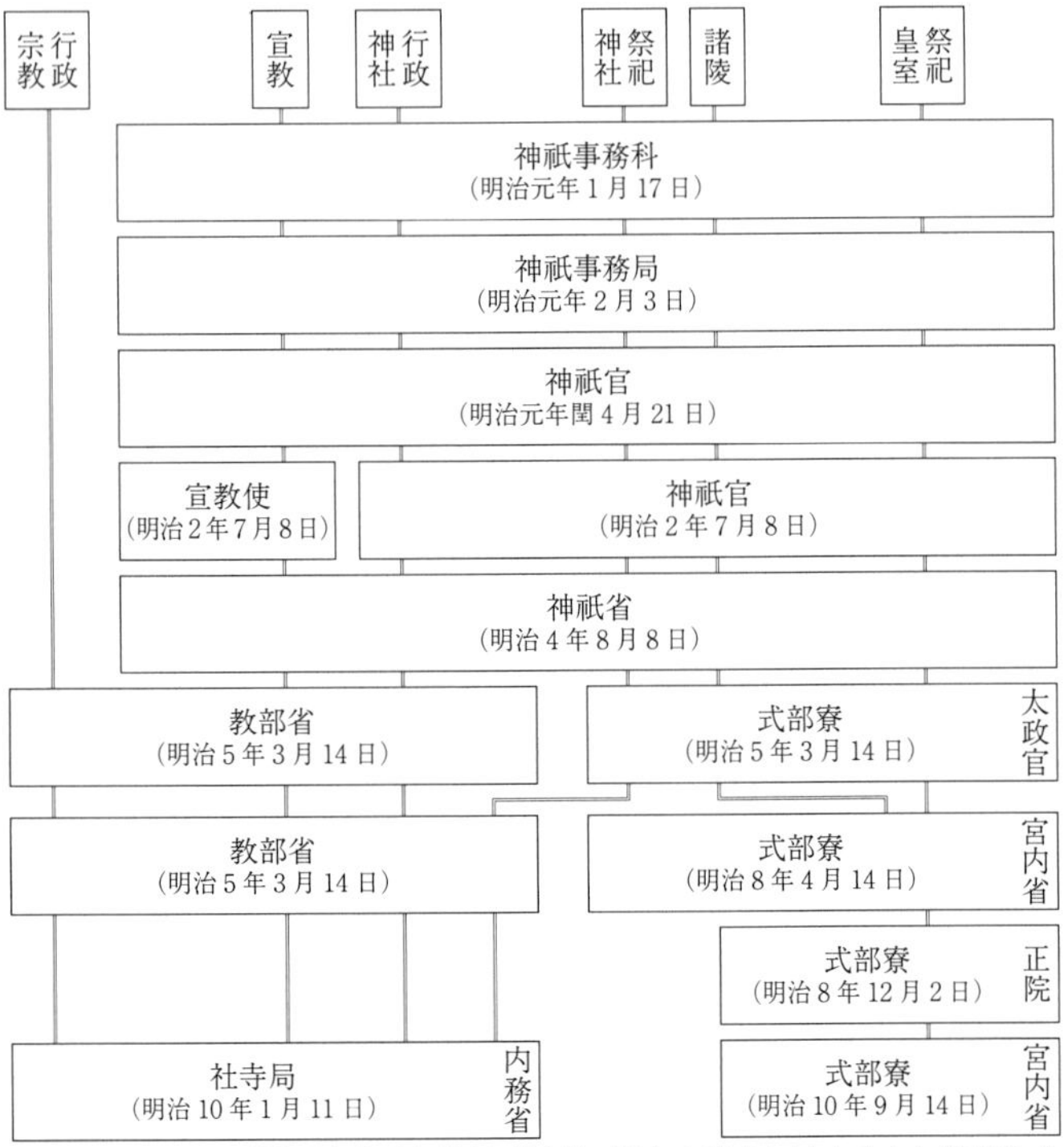

（参考文献）宮地直一『神祇史大系』附録「神事に関する諸表」14 をもとに筆者作成

は白川家の坂東執事であった古川躬行の運動、府中六所明神（現・大國魂神社）の祠官で徳川斉昭と交友のあった猿渡容盛らの運動が知られている。

加えて、公卿の中山家を執奏とする大坂坐摩神社の社務であった渡邊資政、山城国乙訓郡向日神社の祠官で、平田派国学の重鎮であった六人部是香、是愛の親子、真木保臣、平田鉄胤らの活動も特筆すべきものがある。

前述の大国隆正が慶応三年に著した『神祇官本義』においては、「朝廷に天神をまつり給ふことは、神武天皇におこり、地祇をまつりたまへることは、崇神天皇にはじまれり。神祇官をおきたまふは、神武天皇の大孝をのべたまふにおこりて、今猶神祇官代にて八神殿をつくり、としごとに鎮魂祭のことあり。日本書紀神武天皇御巻四年のところに、大和のかしはらのみやこ小野の榛原といふところにて、まつりたまへるをおこりとす。いまも猶鎮魂祭をもて神祇官の要務とす」とある。この記載からは鎮魂祭が神祇官の要務の一つとして説明されている。

なお、阪本健一が『天皇と明治維新』にて説いたように、大国隆正が鎮魂祭の主意を述べた箇所で「魂魄・大忠大孝・天神地祇」を列挙し、さらには、神武天皇の鳥見山の天神敬祭の段にも着目して、大宝律令にて定められた制度を超えた神祇官を構想していた点は、再興した神祇官と密接な関係が窺われるところであり、明治初期の神祇政策、祭政に関する構想を考える上でも非常に興味深いものであるといえよう。

五箇条の御誓文

「五箇条の御誓文」（以下、御誓文と称す）とは、慶応四年（明治元）三月十四日に京都御所内の紫宸殿において明治天皇が公卿、諸侯および文武百官の諸臣を率いて、天神地祇に対して誓約された国是五箇条のことである。この五箇条からなる御誓文は、大日本帝国憲法制定以前において維新後の国家の基本原理、憲法制定、国会開設の根拠ともいうべきものである。なお、同日には、木戸孝允（桂小五郎）が起草した、国民を安撫して国威を四方へと宣布することを明らかにした「国威宣揚の宸翰」（以下、御宸翰と称す）も発せられた。

この御誓文の出される背景と起草過程について触れておくと、まず御誓文の出た慶応四年三月十四日は、有栖川宮熾仁親王を大総督とする新政府軍が江戸城を総攻撃する予定日の前日にあたり、未だ旧幕府軍との間で軍事的な緊張状態にあったことが挙げられる。つまり、それ以前の同年一月三日に薩長を中心とする新政府の討幕軍と、大坂から進撃してきた旧幕府軍との間において鳥羽伏見の戦いが勃発したことで戊辰戦争が開始されており、新政府が翌四日に旧幕府軍の追討、七日には徳川慶喜の追討を命じて、旧幕府軍に対する天皇親征の意志が明確となった上に、鳥羽伏見の戦いでは、旧幕府軍が敗れて、元将軍となった徳川慶喜自身は軍艦にて大坂から江戸へと戻るものの、戦争の勃発から国内は未だ混乱の状態にあった。ゆえに新政府は、列藩同盟を結成して軍事的な基盤を明確にし、京都にて形勢を観望していた諸藩をも纏める必要があったと考えられている。

また、新政府にあっては、公卿らの中で、これまで官位の低かった岩倉具視が新政府の中心となっていることに対して強い反発があった。公卿からは岩倉が薩摩・長州藩と組んで権勢を貪り専断を行っていると誹謗する始末であった。これに対して、三職の副総裁や七科の各役職等に就いた三条実美や岩倉、大久保ら薩長藩士らはそのような認識は誤認であり、大号令のもと実現した天皇親政の復古は、公議を採って行われるものであって、岩倉ら新政府の中心幹部各々は、天皇の親政を輔佐するに役割に過ぎないということを内外へと明確に示す必要があったのである。

御誓文のそもそもの草案は、新政府の各参与に命じて作成させたと考えられているが、残存する三種の草案によってその編纂過程を窺い知ることができる。まず御誓文の土台となった草案は、同年一月頃に越前福井藩士で藩の政治顧問であった由利公正（旧名＝三岡八郎、のちの東京府知事）が執筆した五箇条の「議事之体大意」である。慶応四年一月十七日の三職七科の制において徴士参与として制度寮掛、会計事務掛の任にあった由利の草案は、そもそもは福井藩の政治顧問でもあった肥後熊

由利公正
（国立国会図書館「近代日本人の肖像」）

木戸孝允
（国立国会図書館「近代日本人の肖像」）

本藩士の横井小楠が公議政体論に基づき、起草した「国是七条」が基礎にあると考えられている。この横井に私淑していた由利の考え方の根本には、民本主義があったと考えられてゐる（阪本健一『天皇と明治維新』）。

この由利の草案をもとに同じく徴士参与にて制度寮掛にあった土佐藩士の福岡孝弟（のち政体書を起草、文部卿）が諸侯会盟（朝廷・諸大名による会議のこと）の方針を打ち出し、諸侯の盟約書として題名を変えて文章を修正執筆したのが「会盟」と呼ばれる草案である。

この福岡の修正草案は、一旦放置されていたが、同年三月に入り、三職八局において徴士参与で総裁局顧問でもあった長州藩士の木戸孝允が、福岡案を修正加筆する（いわゆる「木戸修正案」）。この木戸修正案をもとに、さらに議定兼副総裁の岩倉具視や三条実美らが加わって修正したものが御誓文の最終案であると考えられている。

木戸の修正案では、福岡の「会盟」案が、天皇に対する臣下の盟約案であったことに対して、「会盟」という方式は中国のやり方であり、天皇が公卿・諸侯をはじめ、百官を率いて神明に誓う、「誓」という題名に変更し、神々への誓約ということを明確に示して、天皇を中心に新たな政治の体制を内外に知らせるとともに、旧来の陋習をやめ、幕藩体制の廃止や開国和親など国家の体制の根幹に関わる部分を明確に打ち出したということにこの御誓文の大きな意義がある。

本書では、個々の箇条の解説と語句の意義について詳細に述べてゆきたいものの、その紙幅はないため、あくまで御誓文の大きな特徴・意義についてのみ、ごく簡単に述べておくこととしたい。

御誓文について近年、平易に現代的解釈を施した川田敬一の『「五箇条の御誓文」を読む』によれば、御誓文の特徴は大きく、

①無私・公論（広ク会議ヲ興シ万機公論ニ決スベシ）
②一致協力（上下心ヲ一ニシテ盛ニ経綸ヲ行フベシ）
③立志・指導力（官武一途庶民ニ至ル迄各其志ヲ遂ケ人心ヲシテ倦マサラシメン事ヲ要ス）
④改革（旧来ノ陋習ヲ破リ天地ノ公道ニ基クベシ）
⑤国際化（智識ヲ世界ニ求メ大ニ皇基ヲ振起スベシ）

という五点に分けられるとする。これを各草案との関係でみてみると、由利の案の特徴の一つには、「庶民志を遂げ人心をして倦まざらしむるを欲す」（治国の要道とする）があり、「士民心を一にして盛に経綸を行うを要す」（財政の整備・基礎の確立）という点にあった。

また、福岡案との関係でいえば、福岡の考え方の中心は、諸侯による会議によって、将軍から政権を奉還した後の政局を処理しようというもので、土佐藩が主張していた論でもある。ゆえに「列侯会議ヲ興シ万機公論ニ決

福岡孝弟
（国立国会図書館「近代日本人の肖像」）

スベシ」を第一条に掲げている。これは結果として、「会議ヲ興シ」という形で御誓文には変更して挿入されている。

次いで木戸は、対外関係に重きを置いていたこともあり、開国進取の方針を定めることによって国是の重要案件と考えていた。そのため、木戸は、攘夷を旗印として討幕を達成の後は開国への転向を明確にする責任と必要

三条実美
(国立国会図書館「近代日本人の肖像」)

を感じており、さらには、由利・福岡の「徴士期限ヲ以テ賢才ニ譲ルヘシ」を削除し、「旧来ノ陋習ヲ破リ、宇内ノ通議ニ従フヘシ」と加えている。これが最終的に「旧来ノ陋習ヲ破リ天地ノ公道ニ基クベシ」と改訂され、御誓文の一部となったのである(『松菊木戸公伝』)。

木戸や岩倉、三条らによって草案の修正が加えられていくなかで、時代の変化や様々な立場、考え方があっても柔軟に対応できる五箇条の文言となったことは、先に述べた時代的な背景のなかで、新政府を飾る「普遍的な国是」作成の困難さがあったためとも考えられよう。

御誓文は、前述した通り、公議世論とともに、天神地祇御誓祭という神聖盟約・神道的儀礼の形式で示された点に神道人からみれば大きな意義があるものとも考えられるが、この天神地祇御誓祭の次第についても神道史、神祇政策の観点からも重要であるので確認しておきたい。

まず、京都御所の紫宸殿にて、維新政府の百官諸侯ら群臣〈昇殿を許された公家諸侯〈諸大名〉、各藩か

天神地祇御誓祭の儀
（二世五姓田芳柳画「明治天皇紀附図」宮内庁所蔵、原題「五箇條御誓文」
〈米田雄介編『明治天皇とその時代』より〉）

ら朝廷から差し出された徴士）が参集、着座。ついで神祇事務局督の白川三位（資訓）による降神、神饌献供がなされた後に、明治天皇が出御、著座。副総裁の三条実美が神位の前に出でて「今より天津神の御言寄の随に天下の大政を執行はむとして、親王、卿臣・国国諸侯百寮官人を引連れて此神床の大前に誓ふらくは」、「今日の誓約に違はむ者は天神地祇の忽に刑罰給はむ物ぞ」と、御祭文を奏上。御祭文の奏読は、御誓祭を行わせられる旨を神明に告げるとともに、天皇の統治権をその祖先である神に由来するものとし、天罰を以てこの誓いを担保するという意が籠められていた。

その後、三条が座に復すると、明治天皇が神前に進み、幣帛の玉串を奉献し、御拝あらせられた。次いで、三条が再び神前に参進して神位を拝して、五箇条の御誓文を奏上。こ

有栖川宮幟仁親王
（宮内庁三の丸尚蔵館所蔵、「明治十二年明治天皇御下命『人物写真帖』」より）

れを天皇は御聴きあそばされた。そして三条以下、副総裁、議定、参与ら公卿及び諸侯が一人ずつ進み神前に出でて、神を拝し、次に天皇の玉座を拝して後、「謹んで叡旨を奉戴し、死を誓ひ黽勉従事、冀くば以て宸襟を安じ奉らん」と記された奉答書に署名。これにより、臣下も天皇の掲げた理想に従うことを神々に誓うという形式となったのである。

この誓祭の儀が斎行される折に事故や病気、遠方にて上京参列できなかった諸侯は後日、奉答書に署名し、その数は明治四年までに八〇〇名を超えたとされる（『維新史第五巻』、『太政官日誌』など）。併せて同日に勝海舟が西郷隆盛と二回目の会談を行い、江戸城の無血開城の手筈と慶喜の助命、徳川宗家の今後についての交渉も行われたことは明治維新史の上であまりにも著名な事項である。

先に述べたように、御誓文が示された同日に御宸翰も示されているが、個別に発せられたとはいえども、君民一体、相扶のもとに、国家を経営し、以て国威を宣揚すべき旨を諭すとともに「私見を去り公議を採」るべきことを示した詔勅である「御宸翰」と、国是の方針である「御誓文」との両者が相俟ってはじめて維新の真の意義が理解されるものと考える。

また、御誓文に付随する「我国未曾有ノ変革ヲ為ントシ、朕躬ヲ以テ衆ニ先ジ、天地神明ニ誓ヒ、大ニ斯国是ヲ定メ、万民保全ノ道ヲ立ントトス　衆亦此旨趣ニ基キ協心努力セヨ」との文言は、維新という前例のない大変革を行うにあたって、天皇自らが諸臣、一般国民の先頭に立って範を示し、天津神・国津神に誓い、重大な決意のもとに国政に関する基本条項を定め、国民の生活を安定させる大道を確立することを宣言したものである。つまり、この一文が加えられたことによって、天皇が江戸期までの征夷大将軍という武家政権の長とは異なり、「常に国家・国民全体を考えるべき存在」であることを示し、諸臣、一般国民もこの趣旨に基づいて心を合わせて努力して欲しいという願いが籠った誓約がこの御誓文の意義に含まれたものでもあるといえる。

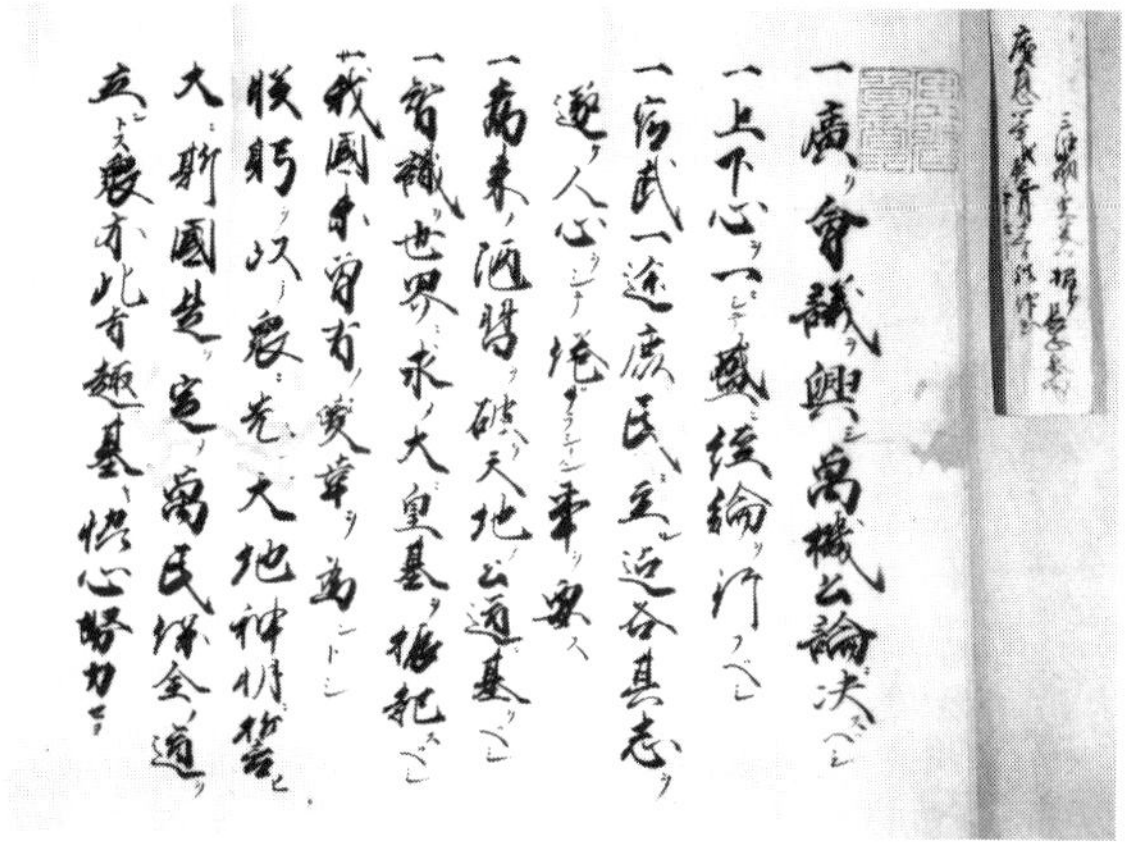

一廣ク會議ヲ興シ萬機公論ニ決スヘシ
一上下心ヲ一ニシテ盛ニ經綸ヲ行フヘシ
一官武一途庶民ニ至ル迄各其志ヲ遂ケ人心ヲシテ倦マサラシメンコトヲ要ス
一舊來ノ陋習ヲ破リ天地ノ公道ニ基クヘシ
一智識ヲ世界ニ求メ大ニ皇基ヲ振起スヘシ
我國未曾有ノ變革ヲ爲ントシ朕躬ヲ以テ衆ニ先ンシ天地神明ニ誓ヒ大ニ斯國是ヲ定メ萬民保全ノ道ヲ立ントス衆亦此旨趣ニ基キ協心努力セヨ

五箇条御誓文（有栖川宮幟仁親王筆、宮内庁書陵部所蔵）

なお、余談ではあるが、五箇条の御誓文の原本は、歌学や書道を家学とした有栖川宮家に受け継がれてきた「有栖川流書道」とも称される独特の書体で記されたことが知られており、有栖川流書道の書体は、霊元天皇の書風を受け継いだものとして知られている。この原本の揮毫者は、有栖川宮幟仁親王であり、維新後、明治五年に大教宣布運動の中心拠点として設置された大教院の扁額も幟仁親王の書であることも指摘しておきたい。

神仏判然令

神仏判然令とは、慶応四年（明治元）三月十七日に出された「諸国神社の別当・社僧復飾の令（神祇事務局達第一六五）」と称される布達以降、同年十月十八日までに出された一二の法令（布告・布達）の総称である（広義には、「権現号等私称に関する件（明治二年十月十三日・内務省訓第七六九号）」を含む）。神社から仏教的色彩・様相を払拭することを意図とした、これら一連の法令は、「神仏分離令」とも呼称されるが、これにより神社は、千二百年余にわたる神仏習合からの宗教的転換を図ることともなった。一種の宗教改革ともいえなくもないほどの大きな転換であったが、この転換が神社側の宗教的な自覚から実施されたというものではなく、明治新政府の主導により政策的になされたという点が一つのポイントでもある。

そもそも「神仏判然」とは、あくまで神仏の混淆を禁ずるもの＝神社と寺院との区別を図るための法令用語（一方で「神仏分離」は学術用語としても用いられることが多い）の一種である。そのため、本来は、破仏や仏教の排撃（排仏）を趣旨とするものではなかったが、実施の過程において幕末から個別の地域にて実施されていた神仏分離にかかる運動とも相俟って、各地で意図に沿わない措置を実施したり、法令の意図を誤解して仏教排斥の暴動に至るなど、いわゆる「排仏毀釈（廃仏：厳密には「排」と「廃」では意味が異なる）」運動が起きたことも事実である。また、後世に至っては、律令期から江戸期までの仏教へのある種、国家的な優遇措置を抜きに、排仏毀釈・神道国教化政策との関連から、仏教側からは、「法難」史観的に語られてきた側面もある。但し維新期の廃絶寺院のなかには、のちに社寺境内地にかかる行政施策として実施された上知令や神葬祭の推進、版籍奉還による従来の藩主（諸侯）からの寺院に対する庇護廃止など、経済的影響を考慮すべき点もある。

そこで本章では、神仏判然令が出される背景と一連の布告が発せられた経緯について触れつつ、神仏判然令が一体どのようなものであったのかについて述べてみたい。

まずは、維新前の神社と寺院の状況についてであるが、仏教に対する抑制施策は、「寄宮」など神社の統廃合施策を行ったことでも知られる江戸時代の岡山藩をはじめ水戸藩、会津藩などで見られたものの、大半の地域では、別当や社僧・寺僧、あるいは半僧半俗の修験者が神職層の上位に立つという「仏主神従」の支配―被支配関係が広範囲にわたって存在していた。

一方、近世以前の神仏隔離や神仏並存・神仏共存という言葉にも象徴されるように、地域性や担い手などに差異はあったものの、各々には個々の宗教施設が神社か寺院かの区別はついており、神社の信仰対象は、仏形の御神像であっても神祇＝カミと認識されていたと考えられている（藤田大誠「神仏分離の虚像と実像」『神仏関係考』所収、阪本是丸『近世・近代神道論考』など）。その点では、単なる神仏一体ではないが、一定の判別はつくものの、ある種、神仏が何かごちゃごちゃな状態にあったのが近世期までの神社の状態であったといえる。

こうした神仏にかかる関係・状況のなかで、維新直後の慶応四年三月十三日に新政府は、神祇官の再興を布告した。布告の基礎には、神武創業を起源として、旧来の驕惰の汚習を洗い、祭政一致の制度に復すという王政復古の大号令の趣旨があり、その制度が復したことを、まさに五箇条の御誓文という形で天皇親らが天神地祇に御誓祭あそばすことにおいて示したのである（御誓祭自体は前述の通り三月十四日に斎行された）。

神祇官の再興にあたっては、奈良時代以降、旧幕府時代までの千二百年余にわたって神仏習合の風潮、つまり本地垂迹説に伴って、仏教的色彩の強かった神社を本来の姿へと復し、諸祭祀を復興・整備して、敬神崇祖の精神に立ち返ることが必要とされたのである。

この神仏判然令の策定に深く関わったのは、津和野藩にて既に社寺整理や神仏混同の禁止、社僧の還俗などを実施していた同藩の亀井茲監や福羽美静ら、神祇事務局の役職にあった津和野派の国学者であった。

亀井や福羽は、神仏判然令を発出するにあたって、私有的な色彩が強かった近世的な神社・寺院の形態を刷新しようと考えていたことが明らかとなっている。それゆえ個々の神社において、これまで社頭にて掲げられていた御神体と称されるような仏形の木像（御神像）、五重塔や多宝塔、鐘楼や鰐口などの社内の仏教的施設や調度、別当、社僧などの職務、あるいは僧形にて神のために仏事を修することからの変革を求めたのである。

そのため、維新政府は、慶応四（明治元）年に次の一二の法令を布達した（なお、法令の名称については、布告そのものに示されたものでなく、後に発行された神社関係法令集〈本書では文部省文化局宗務課監修『明治以後宗教関係法令類纂』等を参照〉へ便宜的に表記されたものを掲げた。①～③、⑤～⑧、⑫の原文は一〇七頁参照）。

①三月十七日「諸国神社の別当・社僧復飾の令（神祇事務局達第一六五）」
②三月二十八日「神仏の区別に関する件（太政官第一九六号）」
③四月十日「神仏分離実施を慎重にすべき令（太政官仰第二二六号）」
④四月十三日「日吉祭山門取扱を止め一社にて祭式執行の件（太政官達第二三五）」
⑤四月二十四日「神祇の菩薩号廃止に関する件（太政官達第二六〇）」
⑥閏四月四日「別当、社僧還俗の上は神主・社人と称せしむる件（太政官布告第二八〇）」
⑦五月三日「石清水八幡宮の大菩薩号廃止の件（太政官布告第三六六）」、
同　「石清水八幡大神に神饌に魚味奉供の件（太政官布告）」
⑧六月二十二日「真宗各派へ、神仏分離は排仏毀釈に非ざる旨諭達（御沙汰第五〇四）」
⑨七月十九日「石清水放生会を中秋祭と改むる件（太政官達第五六八）」
⑩七月二十五日「北野天満宮神饌に魚味奉供の件（太政官達第五八四）」
⑪九月十八日「僧侶の妄に復飾するを止むる件（行政官布告第七五二）」
⑫十月十八日「法華宗三十番神の称を禁止する件（御沙汰第八六二）」

一連の神仏判然令の中では②⑤⑫が中心となったが、実際には法令の文章上、神社境内から堂塔などの仏教的な建造物を除却することや、神社において一切仏事や法要を行わないことは明確に規定されておらず、明治二十年には権現号の使用禁止が解除されている。また慶応四年六月二十二日には、真宗各派へ神仏分離は排仏毀釈に非ざる旨諭達がなされ、さらに明治四年三月十八日には太政官第百四十三にて神仏判然は廃仏に非ず、廃毀合併は慎重にすべき件が諭達されており、無用の判然、誤った解釈での廃止や破却、合併等を慎むよう政府から達せられている。

これらの法令は、宗教制度史の研究でも知られる神道学者の梅田義彦によれば、おおよそ五種類に分類される(文化庁編『明治以降宗教制度百年史』)。

まず一点目は、それまで神社において僧形にて修仏事に仕えていた別当・社僧などを全て復飾＝還俗させる。引き続き奉仕する者は神主、社人とするが、神仏判然は破仏ではないので、やたらと別当・社僧が還俗するには及ばないというものである。

二点目は、仏語を以て称してきた神号である権現・菩薩・牛頭天王などを廃止し、神社にある鰐口、梵鐘などの仏具を除却するというものである。京都では祇園祭で知られる「感神院祇園社」の名称が「八坂神社」に改称され、御祭神が牛頭天王から素戔嗚尊となったことはあまりにも著名な事象である。また、⑫の法華三十番神の称の禁止もこれにあたる。

三点目は、仏教に関連する名称を持つ神社祭祀を廃止し、内容を改正するとともに、仏語を以て冠していた名称を改称せしめるというもので、具体的な例としては石清水八幡宮の放生会(放生行事)がこれにあたる。

次いで四点目は、魚肉を神饌として供進していなかった石清水八幡宮、北野天満宮にて、素饌を改め魚味を供進しても差支えないというものである。

最後の五点目は、一〜四点目の実施にあたって個々の神社にて神職側が粗暴な措置、ふるまいを取ることなく、穏健な形で慎重を期して神仏判然を行うようにすべきというもので、真宗門徒への諭達などがこれにあたる。

また、前述した③⑧の法令にあるように、神仏判然の令は、単なる「排仏（廃仏）毀釈」を意図するものではないという点である。

これらの法令は、主に神社における神仏の判然を求めるもので、つまりそもそもは神社の中にある仏事的なものを分離するということだけが目的であったが、個々の寺院においても境内の鎮守社が分離独立したり、移転や破却となったケースもあった。とはいえども江戸の浅草寺のように「忌むべき反目もなく、録すべき波瀾もなく、円満無事に遂行」された事例もみられる（「浅草寺に於ける神仏分離」辻善之助・村上専精・鷲尾順敬共編『明治維新神仏分離史料』）。

神仏判然令が出された結果、信濃の諏訪社（現・諏訪大社）、尾張の熱田社（現・熱田神宮）、筑前の筥崎宮、遠江の秋葉社（現・秋葉山本宮秋葉神社）など全国の大半の神社において、仏教的な色彩が除去されることとなったが、藤田大誠が神仏分離研究の基礎史料である『明治維新神佛分離史料（村上専精・辻善之助・鷲尾順敬編）』（以下、本節では『分離史料』と略す）所収の記事の分析から明らかにしたように、各地の神社では、別当寺や復飾した元社僧によって淡々と仏像や建築物等の処分がなされるという事例も少なくなかった（加瀬直弥・岡田莊司・嵯峨井建・藤田大誠・阪本是丸『神仏関係考　古代・中世・近世・近現代』）とされる。

その一方で、名古屋藩の伺（『法規分類大全（社寺門）』所収）などにみられるように、仏堂をはじめ、祭祀してきた菩薩などの神式への御改正を決めかねて府藩県へ伺い出たものもあり、府藩県や中央官庁の指示によって分離内容が決したケースもあった。また、伊勢（宇治山田）や薩摩、美濃苗木藩、松本藩、富山藩のように、多くの寺院が廃寺や統廃合、還俗寺となるなど徹底した廃仏毀釈がなされた地域もあった。

さらに一般的に流布している廃仏毀釈の典型的なケース＝強引・過激な破壊・暴動行為については、『明治天皇紀』にも記された、近江の日吉社（現・日吉大社）における樹下茂国（神祇事務局権判事で日吉社祠官）、生源寺希璵らをはじめとする神威隊による仏像、仏具、経巻等などの焼却処分が著名な例として挙げられるほか、三河の大浜騒動のように、寺院合併に反対した僧侶らが決起して殺傷沙汰となる例もあった。神威隊には地方の神職も参加していたことも知られている。日吉社の場合は、前出の樹下ら祠官に加え、播磨の明石御崎神社、三河の猿投社、信濃の川中島八幡宮、美作の天岩戸別神社の神職ら四十数名および坂本村の農民らを率いて社殿を破壊し、御神体を除いた仏像や経巻、仏具などを焼棄するに至ったことから、この過激な行為に社僧、神職、地域住民との間で大きく紛擾することとなった。そのため、四月十日には、全国の各神社の祠官の暴挙を禁じ、神社にある仏像、仏具等の処分は慎重に稟請して行うよう太政官布告が出されるに至った（『明治天皇紀』第一）。その後、日吉社においては、十三日には延暦寺の僧侶に同社の祭事に関わることなきように説諭することとなった。このように各地で行われた廃仏毀釈は、明治三〜四年をピークとして続き、仏教寺院は大きなダメージを受けることとなった。

かかる過激な廃仏毀釈騒動の事例については、吉田久一が仏教史研究の立場から指摘するように（吉田『近現代仏教の歴史』）、地方の廃仏毀釈についてはとくに政府の黙認が多かったことにもその一因があると考えられているが、当時の政府や地方官吏の態度のみならず、先に述べた通り、破仏行為に加わった神職側にも大いに反省すべき点もあろう。

鹽竈神社に残された旧鐘楼堂

これまでの神仏判然令の一般的な評価については、先に掲げた『分離史料』の記事をもとに、これまで多くの仏教研究者が、前述した日吉社に限らず、奈良の内山永久寺などのように寺院側の視点からみた極端な廃仏毀釈の事例が取り上げられることによって、神仏分離にかかるイメージが作られてきたという経緯がある。この点、吉田久一が「廃仏毀釈を物件を中心とする外圧のみで考えるのは当を得ていない。要は福田行誡のいう「仏道」である」と批判している

（前掲『近現代仏教の歴史』）。

吉田は、神仏判然に加えて肉食妻帯の解禁や、神葬祭の展開などとともに、仏教界が精神改革を欠いたまま、なしくずし的な廃仏毀釈が行われ、仏教の近代化が進められたことが、近代仏教の飛躍のチャンスを失ったと指摘して神仏分離を批評している点は、従来の仏教側からの評価とやや異なるニュアンスがある。

さらには、阪本是丸や藤田大誠、西高辻信宏、河村忠伸らによる近年の神道学からの論考にも見られるように、従来、地方における神仏分離の著述が中心であった神仏分離研究の個別事例の再検証がなされるなかで、必ずしもこれまでの仏教関係の研究者による指摘が的確ではない事例も見られるようになってきた。『分離史料』にも見られるように、取扱う史料に誤記が散見されることや、とくに皇室、朝廷、畿内などの中央における神仏分離の実態の検証が必ずしも進んでいないことが明らかとなってきた点も注目すべきである。

また、安芸の厳島神社や武蔵の金鑚神社、出羽の出羽三山神社、下野の日光東照宮、三河の知立神社などをはじめとして、判然令が出たとはいえ、文化財的な価値に鑑みて多宝塔等が残され、神仏判

三峯神社旧小教院

然が徹底しなかったケースもある。事実、前述の神社以外にも、判然に際して例外的な取扱いにて堂塔や鐘楼など仏教的施設が残置された社や、鰐口や経巻、仏具などが保存された社も少なからずあった。各神社でも神像の御魂抜きを行い、現在でも神社の宝物館や神庫等に丁重に保存され、近年では国公立の博物館等で御神像美術展などに出展されて市井の目に触れるケースも多い。

こうした社では仏具や堂塔が現在、国や県のみならず市町村レベルの文化財として指定されているようなケースも多く、文化財とはならないまでも埼玉県の三峯神社のように、境内にあった三峯山本堂（高雲寺のち観音院）が維新後に小教院→宿坊→茶房として再利用され、現在でも現役の建物として使用されているケースもある。これらは神社側でも神仏判然に際して一部の事例を除き、これまで利用してきた仏具や施設などを判然後も大切に保管・保存し、決して粗暴・粗末に取り扱っていなかったことの証左でもある。この点は無論、神仏分離に伴う一部の人々の暴挙によって大きな被害・ダメージを被った仏教寺院や僧侶の側からすれば、簡単に受け入れられるものではないことは重々理解できる一方で、仏教側からよく説かれることのある「法難」史観からすれば、神社側がこうした判然後の丁重な保管・保存利用を行ってきたことについては、なかなか説明がつかぬ点でもある。

国事殉難者の霊を京都霊山に祭祀

「国事殉難者の霊を京都霊山に祭祀の件」とは、慶応四（明治元）年五月十日（一八六八年六月二十九日）の太政官布告第三八五「癸丑（嘉永六年）以来、殉難者ノ霊ヲ京都東山ニ祭祀スルノ件」のことである。この布告によって幕末期より各地で進みつつあった招魂社創建の動きが本格化することとなったのである。また、招魂社の体制整備・確立へと繋がる布告でもあり、のちの靖國神社、各地の招魂社をはじめとする英霊祭祀の基礎となった布告である。

国事に殉難した志士の御霊を祀る霊祭の早い例として知られるものには、文久二年（一八六二）八月の孝明天皇の御沙汰書をうけて、同年十二月二十四日に福羽美静や古川躬行らをはじめとする六六人が参加した京都霊山での私祭や、翌三年七月に津和野藩士による京都・祇園社内の小祠（福羽美静の私邸へと移転されたのちに靖國神社へと遷され、現在の同社境内に鎮座する元宮となる）での弔祭等が挙げられる。これらがまさにのちの招魂社創建の濫觴ともいうべきものであるが、前述の太政官布告が出される以前の慶応四年一月十二日には、薩摩・長州・安芸・鳥取・土佐の五藩の鳥羽伏見の戦いの勲功を賜賞して、薩摩・長州両藩がそれぞれ祭粢料として金五百両、安芸・鳥取・土佐の各藩が金三百両を賜わり、戦死者を弔して葬儀を手厚く行い、忠魂を慰めるために招魂社を創立する御沙汰書が出されていた。

前出の太政官布告の冒頭には「大政御一新之折柄賞罰ヲ正シ、節義ヲ表シ天下之人心ヲ興起被遊度既豊太閤（豊臣秀吉）楠中將（楠木正成）之精忠英邁、御追賞被　仰出候」とあり、『明治天皇紀』には、同年四月二十一日、布告に先駆けて「勅して贈正三位左近衞權中將楠木正成の祠宇を攝津國湊川に營み、神號を追諡し、其の子正行以下を配祀せしめんがため、社壇造營料として金千兩を賜ふ」、同年閏四月六日にも「豐國社の久しく湮晦に委せしを憫み、且豐臣秀吉の豐功偉烈を發揚せんため、神祇事務局竝びに大坂裁判所に勅して、其の祀典を復し、新に祠宇を大坂城外に造營せしめたまふ」とあり、天皇の思召として楠木正成、豊臣秀吉の社殿創建を仰せつけられたことが記されている。これらの思召は湊川神社や豊国神社の創建・再興の契機の一つでもあるが、前出の太政官布告はさらに左の通り続いており、

就テハ癸丑（嘉永六年）以來唱義精忠天下ニ魁シテ國事ニ斃レ候諸士及草莽有志之輩冤枉罹禍者不少此等之所爲親子之恩愛ヲ捨テ世襲之祿ニ離レ墳墓之地ヲ去リ櫛風沐雨四方ニ潜行シ專ラ舊幕府之失職ヲ憤怒シ死ヲ以テ哀訴或ハ搢紳家ヲ鼓舞シ或ハ諸侯門ニ說得シ出沒顯晦不厭萬苦竟ニ抛身命候者全ク名義ヲ明ニシ　皇運ヲ挽回セントノ至情ヨリ盡力スル處其志實ニ可嘉尙況ヤ國家ニ有大勳勞者爭カ湮滅ニ忍フ可ンヤト歎被　思食候依之其志操ヲ天下ニ表シ且忠魂ヲ被慰度今般東山之佳域ニ祠宇ヲ設ケ右等之靈魂ヲ永ク合祠可被致旨被　仰出候猶天下之衆庶益節義ヲ貫ヒ可致奮

勵様　御沙汰候事

と記されている。結果、この布告に基づいて、京都および長州、福岡、土佐、熊本、鳥取、久留米の各藩が京都東山三十六峯の中央たる霊山に各々祠宇を設立し、同年七月に招魂祭が執り行われることとなったのである。

その後、東山の霊山一帯には各藩の小祠が散在することとなり、忠霊祭祀の霊地となったが、これらを統一合祀したものが、現在の京都霊山護國神社である。東山の霊山一帯の地が殉難者祭祀の中心となった背景には、文化六年（一八〇九）十二月に朝廷に仕えていた村上都愷が霊明社（舎）と称する葬祭・霊祭団体を霊山の地に創始したことが一因であるとされる（小林健三・照沼好文『招魂社成立史の研究』）。加えて、この霊明社と長州、水戸両藩との結びつきがあったことも背景の一つとも考えられている。

前掲の国事殉難者の祭祀にかかる太政官布告が出された同日には、もう一つ英霊祭祀にかかる太政官布告が出されていた。「伏見戦争以後戦死者ノ霊ヲ京都東山ニ祭祀スルノ件」という布告である。この布告は、鳥羽伏見の戦い以降の戦死者の英霊を京都東山に祭祀し、今後の国事殉難者の御霊をも合祀すべき旨を布告したもので、一部を書き下すと左記のような内容である。

当春伏見戦争以来、引き続き東征各地の討伐に於て、忠奮戦死候者、日夜山川を跋渉し、風雨に暴露し、千辛万苦邦家の為め、終に殞命候段、深く不憫に思し食され候。最も其の忠敢義烈、実に士道の標準たるを以て、叡感の余り、此度東山に於て新たに一社を御建立、永く其の霊魂を祭

祀候様仰出され候

この布告以後、各藩内においても京都東山の招魂祠に倣って藩出身の戦死者を祀ることとなり、各藩による招魂社設立の根拠の一つともなったのである。

以上のように、この二つの布告が出されたことで嘉永年間以来、幕末までの国事殉難者と戊辰戦争での戦死者とそれぞれの英霊に対する祭祀が執り行われることとなったのである。

この後、同月二十四日に再び京都東山に安政の大獄以降の国事殉難者の御霊を合祀すべき旨の布告が下された。これは、鳥羽伏見の戦い以来の戦没者の祭儀を行うにあたり、その氏名、死亡月日等を調査し、六月一日までに神祇官に上申することを諸藩に達したものである。

時を同じくして東征大総督の有栖川宮熾仁親王は、慶応四年四月二十八日、五月二十八日、六月一日の三回にわたり、諸藩に通達を行い、東征の折に関東ならびに奥州の各地で戦没した将兵の招魂祭を六月二日、江戸城内西の丸広間で斎行し、その祭儀には

東京招魂社
(『東京景色写真版』江木商店)

熾仁親王をはじめ三職の三条実美や岩倉具視、萬里小路通房らも参列、各藩の隊長らも多数参列して弔慰をなしている。この招魂祭にて祭主を務めたのが、遠州の大久保春野（初太郎）であり、この祭主としての奉仕については、河村忠伸が幕末維新前後に活躍した遠州報国隊や駿州赤心隊の活躍等も踏まえて、招魂社創建当初に両隊の六二名が東京へと移住し、神職として奉仕して招魂社の礎を築いたことを明らかにしている（河村「明治維新百五十年　明治神道人の足跡　第八回　大久保春野」『神社新報』三三九六号、平成三十年四月二十三日、四面）。これらを踏まえると、この折の大久保の祭主の任自体も非常に興味深いものがある。

さらに同年五月二十八日、七月六日の行政官達および同八日の神祇官達によって、同月十・十一日の両日に神祇官が京都・河東操練場において、鳥羽伏見の戦い以降、東征のため従軍して各地で戦死した三二藩、三七四人の兵士の弔祭を斎行している（『明治天皇紀』第二）。この招魂祭には、一般の参拝も許可されたことが七月七日付の神祇官より諸藩への御沙汰書にて明らかである。

翌明治二年三月、天皇が東京へと二度目の行幸（東京奠都）あそばされた際に、軍務官知事であった小松宮嘉彰親王が聖旨を奉じて、戊辰戦争の激戦地の一つであるかつての江戸市中に招魂社設立の提案をなした。候補地としては、戊辰戦争の激戦後でもあり比較的広大な境内地を得られるであろう上野や、江戸市中一帯を見渡せる高台として知られた江戸見坂上（現在の港区虎ノ門二丁目から三丁目付近）なども挙がっていたが、大村益次郎、香川敬三、船越洋之助（船越衛）、松岡新七郎らの尽力によって、宮城北の丸にほど近い麴町三番町九段坂上の旧幕府歩兵屯所跡地（騎射馬場）に招魂社の鎮座地が選定されることとなった。招魂社の社地選定に際しては、とくに軍務官副知事（改正後に兵部大輔）の大村益次郎の意向が働いたと考えられている。新政府軍による上野彰義隊の掃討作戦を指揮した大村は、戊辰戦争にて新政府軍が大砲等の火器で総攻撃して旧幕臣らで組織されていた彰義隊が全滅、寛永寺の本坊や堂塔伽藍などの大半が焼失した上野を「亡魂の地」であるとして退け、維新前には旗本屋敷で眺望も良好な場所であった番町（九段坂上）の地を社地と決定している（『大村益次郎先生事蹟』）。

同年六月十二日には、鎮座予定地の実測が行われ、東京府より当該地を受領して同十九日に起工し、同二十七日仮殿が竣功した。同二十三日には、軍務官が同社にて戦没者慰霊の祭典をおこなう旨、在京の諸藩に布達。同二十八日に嘉彰親王が祭主となって、鳥羽伏見の戦い以降、箱館戦争に至るまでの戦歿者三千五百八十八柱の招魂祭が斎行された（第一回合祀）。翌二十九日に明治天皇が勅使として弾正大弼の五辻安仲を差遣して奉幣がなされ、七月三日まで祭典が斎行されたのが、東京招魂社の起源である。

大村益次郎像（靖國神社内）

東京招魂社の創建当初は、明治二年七月八日（一八六九年八月十五日）に軍務官から官制改革にて改組された兵部省が同社の維持・経営を管轄。

例祭日も明治天皇の御裁可により、戊辰戦争と関連深い一月三日、五月十五日、同十八日、九月二十二日の四日と定められたが、以後数度の変更がなされ、現在の例祭日（四月二十一日〜二十三日、十月十七日〜二十日）となっている。

なお、嘉永六年以来の殉難者の御霊が正式に東京招魂社へと合祀されることとなったのは、明治八年一月十二日の太政官達による。しかしながら、この達の但し書きで「東山霊祠及び各地招魂場等は、従前の通り据ゑ置かれ候」とされたように、京都霊山霊祠ならびに各地の招魂場は存置され、その後も祭祀が続けられた。

その後、明治五年二月二十七日（一八七二年四月四日）に兵部省から組織替した陸軍省・海軍省の共同所管の社となり、明治十二年六月四日には東京招魂社は、靖國神社へと改称。別格官幣社の社格に列せられることとなった。

東京奠都の議と江戸改称の詔

「東京奠都の議」とは、慶応四(明治元)年六月十九日(一八六八年八月七日)に参与の木戸準一郎(孝允)、軍務官判事で佐賀藩士の大木民平(喬任)がともに江戸へ赴くこととなり、同二十七〜二十九日まで東征大総督の有栖川宮熾仁親王、輔相の三条実美、大久保利通、江藤新平、大村益次郎らと江戸の処置および明治天皇の江戸への車駕行幸のことを議すことになったことを指す。七月八日の帰京後、木戸は直ちに岩倉具視に復命して、七月十一日に天皇の東幸を議するに至り、結果、慶応四年七月十七日の「江戸改称の詔」、明治元年十月十三日の「江戸城を皇居と定め東京城と改称」「鎮将府(駿河以東十三国を管轄し政務全般を裁決する権限をもつ役所のこと)、東京府設置の決定」へとつながることとなった。

遷都論自体は、薩摩の伊佐治正治や長州の品川弥二郎、世良修蔵らも自説を説いていたことが知られるが、前節に記した通り、東京奠都の議が出される以前の慶応四年正月十七日には、大久保利通によって、大坂遷都の議が提示されていた。しかしながら、この折の大久保の建議は京都の守旧派公卿らの反対に遭い、天皇の大坂親征行幸を果たしたものの、遷都の実現にまでには至っていなかった。

その後、東征大総督府の軍監として、江戸にいた佐賀藩士の江藤新平が帰京したこともあって、慶

江藤新平
（国立国会図書館「近代日本人の肖像」）

応四年閏四月一日、江藤が佐賀藩の同志である大木喬任と議し、連名にて副総裁岩倉具視に「江戸を以て東京と相定められ候はば、東方の人民もはなはだ安堵、大悦いたすべく候」「天皇が江戸に幸し親く大政を見、江戸を東京と為し、京都を西京として、両京間に鉄道を敷設して東西両分の患を絶つべし」（『江藤南白』）として、東国の人心を鎮撫して治めてゆくためにも、江戸へ天皇が行幸して親政をとり、江戸を東京となして、両京間を巡幸するべしとの建言をなしたのである。なお、大木も木戸とともに天皇の東幸を促したことで知られるが、木戸も六月に「京都を以て帝都と為し、大坂を以て西京と為し、江戸を以て東京と為し、便宜東西に臨幸あらせられん」と奠都論を建議している（『明治天皇紀』第一）。

のちに佐賀藩の藩政改革にも成功し、明治政府の初代司法卿に就任したことでも知られる江藤の建言は、薩長以外の討幕派藩士による遷都論としては非常に重要なものであり、維新後の江戸対策論、東京遷都論としても先駆であった。それは、先に述べた大久保の大坂遷都論が、公卿らによって数百年にわたり培われてきた因循旧習の地である京都からとにかく天皇を外へと連れ出すことに重点、力点を置いていたことに対して、江藤や大木の遷都論は、京都が帝都であることを否定しておらず、京都と東京との並立論を以て、遷都ではなく東京を新たな都として定める奠都論であったという点である。これによって、新政府は三条実美を関東大監察使として江戸へ東下せしめ、東征大総督を務める熾仁親王と江戸開城の前後措置を講じることとなり、上野での彰義隊との戦争に勝利して江戸市下一円を治める体制が整ったこともあって、五月十一日に江戸府、同十九日に江戸鎮台を設置、旧幕府の寺社奉行、町奉行、勘定奉行所の事務を接収する。江戸鎮台のトップには熾仁親王が兼ねることとなり、江藤ら六名が実務を担うこととなった。南町・北町奉行所をそのまま市政裁判所とし、寺社奉行所を寺社裁判所（のち社寺裁判所と改称）、勘定奉行所を民政裁判所に改めることとなり、町奉行所の与力・同心はそのまま鎮台府付として新政府へと出仕することとなった。五月二十四日には、田安家の徳川慶頼の三男である亀之助（家達）が慶喜に代わる徳川宗家の継承者として許可され、徳川氏の静岡移封が決定することとなったのである。

江戸（東京）への遷都論については、近代的な郵便制度を創始したことでも知られる薩摩の前島来輔（前島密）が三月十日付で六カ条にわたる「江戸遷都論」を記し、その建白が三月二一一日の大坂親征行幸に出立する直前の大久保利通に届けられていたことが嚆矢とされる（『大久保利通関係文書』）。前島の遷都論は、①北海道開発のためには、帝都は日本全国の中央にあるのが良い、②江戸湾は品川のお台場を利用すれば、大坂よりも大型艦船の入港などに利便なこと、③江戸は地形・景観面で帝都を建設するにふさわしいこと、④大坂に比べると江戸の方が市街が大きいこと、⑤江戸は官衙・学校・諸侯の藩邸が既にあること、⑥江戸が帝都とならなければ、市民は四方に離散し、衰退の一途を辿ること、などであった。この前島の建白の後、大久保は自身で建白した大坂遷都論を撤回して、徳川氏を駿河に移封して江戸を東京と為すべしと建言している。前島の建言は、江戸に加えて開港地の横浜を活用できることや、江戸開府以来、諸侯の藩邸として江戸城を取り巻くように築かれてきた屋敷地を接収できることなども新政府の行政機構に必要な用地の入手確保や官公庁等の施設建設の上での利点と考えており、事実、維新当時の江戸城周辺は、紀州や尾張・水戸徳川家をはじめ、加賀や彦根など各藩大名の上・下屋敷があり、武家地は江戸市中の約六割を占めていたとされる（東京都公文書館編『都史紀要十三　明治初年の武家地処理問題』）。

前島の建白の他にも館林藩士の岡谷鈕吉（繁実）も江戸に遷都して鎮守府を蝦夷地に置き、王化のもとでロシアの脅威に備えるべきと建言していたことが知られており、水戸藩士の北島秀朝、仙台藩士の遠藤文七郎、薩摩藩士の黒田清綱らも続いて建言をなしている。

木戸や江藤らが東京奠都を建議した背景には、江戸も含む関東各地が戊辰戦争の戦地ともなり、民衆が疲弊していたなかで、江戸を東国経営の根拠となし、民衆を慰撫せんとの意図があったとも考えられているが、大久保も江戸の三条実美を補佐するため、六月十八日に船にて東行した際、同二十一日から江戸の実地を見分し、その地勢広大なることを確認している。

戊辰戦争がいまだ続き、関東の政府軍の形勢も不安定な中にあって、江戸へと赴く大久保、木戸らが相次いで江戸遷都論、天皇東幸を必要と主張するようになったことで、維新政府の中枢たる岩倉自身も中山忠能や正親町三条実愛らに呈した書簡にて「皇國ノ全局面ヲ以テ大観スルニ、龍賀一タヒ江戸ニ幸シ、親ク大政ヲ視ルハ今日ノ最大ノ急務ニシテ治國平天下ノ良計ナリ」と記したように（『岩倉公實記』）、天皇東幸が急務と考えるに至ることとなった。以後、東京奠都、天皇東幸への道筋が大きく前進することとなったのである。

　こうした最中にあって「江戸改称の詔」が出されることとなった。「江戸改称の詔」とは、慶応四（明治元）年七月十七日（一八六八年九月三日）に出された詔書のことであり、法令呼称の便宜上、「江戸ヲ東京ト改稱スルノ詔（太政官編『詔勅録』）」、「江戸ヲ稱シテ東京ト爲スノ詔書（『法令全書』）」、「江戸ヲ東京ト稱ス（『太政類典』第一編、慶応四年～明治四年の件名）」、「車駕東幸の詔書（『維新史』）」、「東京奠都の詔（『概観維新史』）」などとも呼ばれている。この詔によって江戸鎮台が廃せられて暫定的な行政機関として「鎮将府」が設置されることとなり、天皇が改称した東京に親臨して政治をみそなわすべき旨が示されることとなったのである。詔に基づいて政府が九月十三日に天皇の東幸御発輦の期日を定めると、二十日に内侍所を奉じて京都を御発輦、御所建礼門を出でて天皇が東京へと幸し給うこととなったのである。そこで、まずはこの「江戸改称の詔」が出るに至る経緯についても少し述べておきたい。

　慶応四（明治元）年六月十八日に大久保利通が大坂から海路にて江戸に向かうとともに、木戸孝允、大木喬任も東向した。同月二十七～二十九日の三日間、大久保・木戸・大木と、東征大総督である熾仁親王、関東大観察使（輔相）の三条実美、江藤新平や大村益次郎らが加わり、江戸の処置にて大会議を開いた。これがいわゆる「東京奠都の議」である。この会議において、

①天皇を江戸に迎えること

②江戸において新政府の機構を樹立・整備すること
③政府機構の整備にあたっては、奥羽征討の軍事機関である大総督府、江戸鎮台及び関八州鎮将を拡大改組し、東日本統治のため鎮将府を設けること
④江戸府を改称し、江戸の市政を担当する東京府を設置すること

という四点について衆議し、三条をはじめとする参会者一同の合意を得た。
旧幕府軍鎮撫のための東征はいまだ沈静せず、刻々と動く関東以北の戦況・形勢を憂いていた輔相の三条実美は、木戸と大木に関東の人心が嚮背することは国家の興亡に関わるものであると記した書を託していた。書を託された木戸と大木は、七月八日に京都へと帰京して岩倉具視に復命。同十一日には、御前会議が開催されることとなり、廟議は決して天皇の御東幸が決定。同十七日に江戸を東京と改称する旨を記した次のような詔が発せられることとなった。

江戸ヲ東京ト改稱スルノ詔

朕今萬機ヲ親裁シ億兆ヲ綏撫ス。江戸ハ東國第一ノ大鎮、四方輻輳ノ地、宜シク親臨以テ其政ヲ視ルヘシ。因テ自今江戸ヲ稱シテ東京トセン。是朕ノ海内一家東西同視スル所以ナリ。衆庶此意ヲ體セヨ。

辰七月

（国立公文書館所蔵『公文類纂』明治元年「江戸ヲ東京ト称ス」）

この詔によって、天皇が改称した東京へと親臨して万機を親裁し、東西の別なく国中を一つの家のように分け隔てなく治め、親政を布く旨が仰せ出されたのである。

この詔に伴って、江戸鎮台及び関八州鎮将を廃し拡大改組した鎮将府には、鎮将に三条が、議定に蜂須賀茂韶（徳島藩主）、准議定に長岡護美（熊本藩主の一族）、参与に大久保利通が任命された。なお、熾仁親王は江戸鎮台の廃止に伴い、東征大総督として軍務を専掌せしめることとなった。

同府は、駿河以東十三国（駿河・甲斐・伊豆・相模・武蔵・安房・上総・下総・常陸・上野・下野・陸奥・出羽の関東東北全域）を管轄し、東日本の政務全般の裁決にあたる権限を有する、京都の太政官政府と相並ぶような観のある行政官庁であった。鎮将は、大事は京都へと奏聞するとされたものの、東国の政務を委任、総裁せしめるもので、その下に議定・参与がおり、新政府の議政官に倣って、立法権を執った。そして判事・辨事が置かれ、判事は諸侯・軍務・社寺・刑法・会計の五課を分掌し、辨事は行政官に倣い行政権を執り、他に史生、筆生が置かれた。大久保は参与として鎮将府の実質的な責任者となり、江藤新平は、八月八日には民政裁判所から改組されることとなった鎮将府会計局（旧勘定奉行に相当）の判事に任じられていた。

大木民平
（国立国会図書館「近代日本人の肖像」）

この詔の発布、体制の変革に併せて政府は、江戸の市民に対して「今次幕府廢せられたるを以て、府下の人民忽ち活計を失ひ方向に迷はんとす、是れ最も宸襟を悩ましたまふ所なり、近時世界各國文運隆昌交通發達の時に當りては、專ら全國の力を平均に

旧大和郡山藩邸に設置された東京府庁舎
（『目で見る東京百年』東京都）

して皇國保護の目途を確立せざるべからず、仍りて屢々東巡西狩して遍く黎民の疾苦を問ひ、親しく牧伯の治績を尋ねたまはんとの叡慮を以て、茲に此の詔を渙發したまひしなり」（『明治天皇紀』第一）と説いた詔書の副書を発して東京府を設立する趣旨を示した。

同日（十七日）に「市政裁判所ヲ廢シ東京府ヲ置ク」と題した指令が出されて、東京府が設置されることとなった。江戸鎮台輔で江戸府知事であった烏丸光徳（新政府の参議）が初代東京府知事に任ぜられ、駿河以東十三国の全ての社寺（勅祭の神社及び大社を除く）を鎮将府に属すこととし、府藩県をして管掌せしめることとなり、五月十九日に民政裁判所とともに設置されていた市政裁判所や社寺裁判所も廃止されることとなった。その後、九月二日には、東京府の庁舎が幸橋御門内の旧大和郡山藩邸に設置（日比谷内幸町）、東京府が開庁することとなった。開庁当初の府庁の管轄区域は、旧町奉行所の管轄区域とほぼ変わらず直接施政がおよぶ管轄区域は限定されていたとされる。

明治天皇の即位式もまだ行われていないなかで、京都では守旧派公卿・諸侯らが江戸の東京改称をいよいよ東京遷都の前触れだと考えて、大坂遷都の議に反対した際と同様に、天皇の東幸反対の動きを起こすことに繋がったのである。

京都の三条邸には「都を江戸へ奠めんとするは二三参与の権柄を弄せんとするの私意に出づ。而も公卿を争諫せざるは皇室の危殆を顧みざるものなり」（『江藤南白』）と貼紙する者が現れたり、勤皇の志士たちとして知られた十津川郷士らのように、遷都はもとより天皇の東幸そのものを不可なりとする建言も出されるなど、天皇の東幸によっていよいよ皇恩が輝くこととなった江戸・関東の状況とは一転して、京都の市中では遷都反対論や東幸反対運動が起こり、東幸への抵抗、反発が徐々に広がっていったのである。

明治の即位式

明治天皇の即位式は、慶応四（明治元）年八月二十七日（一八六八年十月十二日）に京都御所紫宸殿にて斎行された。

天皇の践祚から一年半ほど経った後に斎行された即位式においては、孝明天皇まで長らく用いられた唐風の「袞冕《こんべん》十二章の御服」と呼ばれる礼服姿から、朝服の一種として定められていた黄櫨染御袍《こうろぜんのごほう》という和風の衣冠束帯姿に改められるなど、近世までに古式から徐々に唐風を中心に仏教色も加えた形へと変化していった律令時代からの礼式の伝統、慣習を断ち切り、古式に則しつつも新式を大胆に加える形で即位式が斎行されたのである。この即位式の斎行によって、礼式の上でも神武創業を範とし、王政復古と相成った維新の体制を名実ともに示すこととなったのである。

そこでまずは、維新直後から明治即位式の斎行に至るまでの経緯について述べておきたい。維新期の天皇祭儀の経緯や詳細については、近代神道史の阪本是丸が「明治の即位式と大嘗祭」、武田秀章がその著『維新期天皇祭祀の研究』において明らかにしたところであるが、改めて概略を述べておくと、慶応三年一月九日の睦仁親王の践祚後、即位式の斎行は同年十一月に予定されていたが、国事多端にて諸般の舗設や準備が整わず、さらには庶政一新に際して、典礼の準拠とすべきものも制定されていない状態でもあり、即位式の斎行が延期となっていた。

こうしたなか、維新政府の行政官にて国内行政全般と宮中の庶務を監督する輔相を務めていた岩倉具視は、慶応四年五月に神祇行政に豊かな経験を持つ神祇官副知事の亀井茲監（津和野藩主のち神祇大輔）へ、古来の即位の式典儀の多くが唐風を模倣したものであって、この旧来の弊風を払拭・改正し、古典を考証した上で維新の精神を体し、天皇が皇統を継承するにふさわしい規範を整備すべきであるとして、即位礼の斎行に向けて新たな即位登壇の儀式を考案するように秘密裡に命じていた。その後、八月十二日に亀井と津和野出身の国学者で神祇官の判事となっていた福羽美静と、同じく津和野藩士の佐伯利麿・井上瑞枝・山田正英が御即位新式取調御用掛に任じられた。

そもそも「即位」と「践祚」とはともに同義であり、『令義解』にも「天皇の即位、これを践祚と謂ふ。祚は位なり」とあるように、養老令の制定時には儀式として分化してはいなかったが、飛鳥時代の文武天皇の折に「即位の詔」が宣せられるようになってから即位と践祚がやや区別され、桓武天皇以降は、御代替わり直後に行われる践祚式とは別に即位式が斎行されるようになって「践祚」と「即位」の儀式が分離することとなった。斎行にあたっては、

福羽美静
（宮内庁三の丸尚蔵館所蔵、「明治十二年明治天皇御下命『人物写真帖』」より）

正月の「朝賀」を基にした形で大内裏の大極殿・朝堂院等を用いたのである。
その後、大極殿が焼失し再建されなかったため、後鳥羽天皇の折から太政官庁、後柏原天皇の折からは紫宸殿を即位式の場として使用することとなった。

福羽らは古典に基づき、新式を考案したとされるが、千年以上に亘って踏襲されてきた即位大礼の儀式慣例を改め、万世に伝えてゆくべき大礼の在り方を創作することは容易なことではなかった。それゆえ、公家側からも前大納言であった正親町三条実愛（大臣家）や大坂親征行幸にも供奉した勘解由小路資生（名家）が新たに御即位新式取調御用掛に命じられ、古式も併せて考究することとなり、これまでの即位式で着装していた礼服を廃して、束帯、衣冠、直垂を用いることとした。また、即位式で用いる唐風の天皇の玉座や庭上の旛旗は、安政五年の大火で焼失していたことから、旛旗製作に期間と高額の経費が必要となることから、玉座となる高御座の代替として清涼殿にある御帳台を用いることとした。そのほか、旗幡製作にあたっても国風化のため、日像幢・月像幢、万歳旛などに代えて、榊の枝に鏡・剣・璽、紙垂の付いた大幣旗、日幣旗、月幣旗に改めることとなった。

さらに、福羽は、焼香の煙で天帝に即位を奉告するために庭上に設けられていた香炉は、唐風であるとしてこれを廃し、弁事が幣をとりて御前に奉り、鷹司輔熙神祇官知事がこれを受けて案に報じて復奏し、諸臣再拝するという天皇の奉幣を以てこれに代えることとした。さらには、奉幣案の側に水戸の徳川斉昭が孝明天皇に奉献していた直径三尺六寸余の地球儀を紫宸殿の殿前に置くことを考案したが（実際には即位式当日は小雨にて雨儀となり、雨を避けるために地球儀は承明門内の中央に飾られた）、これ

京都紫宸殿にて行われた明治天皇の即位式
（二世五姓田芳柳画「明治天皇紀附図」宮内庁所蔵、原題「即位礼」
〈米田雄介編『明治天皇とその時代』より〉）

は、新帝の皇威を四海に発揚せんと願い、天下に雄飛する新たな日本の国の在り方を示そうとするものでもあり、参列の百官有司もそれぞれの志を高尚かつ、識見を遠大ならしめ、荘厳崇高な登極の大礼をしらしめようとする意図をもったものであった（『明治天皇紀』第一）。

明治の即位式では服装や祭場に設置された種々の調度物など以外にも変化したものがあった。その一つは、即位の「宣命」であり、もう一つは供奉参列者である。

即位の「宣命」については、従来、宣命使が小声で宣していた宣命の形式から、権中納言の冷泉為理が神武天皇の御創業に基づいて皇謨を樹てさせられる旨を記した宣命を大声で奉読させる形へと変化した。加えて出雲国造神賀詞を参考としたものと思われる即位に対する万民の祝意を表する「寿詞」を大納言の三条西季知が

表３　孝明天皇～大正天皇の即位礼の比較

天皇	孝明天皇	明治天皇	大正天皇
場所	京都御所	京都御所	京都御所
年月	弘化４年９月23日 (1847.10.31)	慶應４年８月27日 (1868.10.12)	大正４年11月10日 (1915)
法的根拠 (近代法)	—	—	登極令(明治42年皇室令第一号)に基づく
天皇の装束	袞冕十二章(唐風の装束)	衣冠束帯(黄櫨染御袍)	衣冠束帯(黄櫨染御袍)
天皇の座	高御座	御帳台をもって代用	高御座(大正２年に新調) 皇后は御帳台(新制) なお、皇后はご妊娠につき出御あそばされず
天皇の言葉	宣命を宣命使が小声で読む	宣命を宣命使が声高く読み上げる	勅語を自ら読む
寿詞	—	権大納言	内閣総理大臣
万歳の文言	—	—	天皇陛下万歳
万歳の場所	—	—	紫宸殿の庭上
旛の文様	青龍・朱雀・玄武・白虎など唐の想像上の動物	旛の代わりに五色榊	金色の鵄、八咫烏、魚、厳瓮
仏教的要素	即位灌頂	廃止	—
唐風的要素	火爐(香炉)への香木の進献	廃止	—
陰陽道的要素	大旌	廃止して大真榊	—
地球儀の使用	—	使用あり	—
賢所大前の儀	—	—	登極令に基づき新たに制定
即位礼と大嘗祭との間隔	１年２カ月	３年３カ月	秋冬の同時期に行うことに新たに制定(約５日間)
参列者	29人	352人	1,922人
招待国	—	—	18カ国
費用	4,332石	４万3000両	538万円
国民による奉祝行事(皇室・政府以外)	—	—	あり
場所	京都御所	皇居吹上(東京)	京都御所

(参考文献：齋藤憲司「資料集成　即位の礼・大嘗祭」『ジュリスト』№974の表をもとに筆者が本書執筆にあたって、改変し、加筆補訂したもの)

明治即位式の図
(国立公文書館所蔵)

奏上し、その後、伶人が大歌を奏し、群臣が再拝、天皇は還御あらせられたのである。

また、参列者については明治即位式から新政府の九等官以上の官人となった各藩出身の武士や、僅かながらも在日の外交官らが参列し、従来の即位式のように、皇族や一部の公家のみが奉仕参列する儀式から様相を一変することとなったことは、以後の開かれた即位儀式の端緒ともいうべきものである。

新官僚らの大幅な参入を許可したこの変革にあたっては、王政復古や御一新に尽力した功臣らも公平に参列すべしと決断した岩倉具視の考えがあったとされるが、その一方で議定の中御門経之や大弁の坊城俊政らが古例での実施を強く主張、反対した。即位式の斎行後は儀場の拝観が諸大名から一般の庶民に至るまで認められたことは、「王政復古の大号令」や「五箇条の御誓文」においても記された内外一般に開かれた形での国の在り方をも示すものでもあり、儀式としては、明治大嘗祭における庭積机代物の供進にもつながるものであった。

維新政府が財政的にも逼迫するなかで新式へと大胆に改正した明治即位礼の斎行は、小杉榲邨や岩崎長世ら復古派国学者の一部から批判もあった。しかしながら、即位式という国家の大典を調査して、制度化するにあたり、旧制、旧例にとらわれず時代の進展につれて即位式自体の変化はあり得るもので、むしろ即位儀礼のなかでもう一つの重要儀式である大嘗祭は、古態のまたるべしと考えて即位式における神式の採用、考案にあたっての方針を定めた福羽らの労苦や、彼らの合理主義と開明性、そしてそれを実現させた岩倉具視の決断と実行力は大いに評価されるべきものである。

なお、大嘗祭については、財政上の理由や政情不安、京都での斎行を唱える国学者らの動きなどもあって、その斎行が延期されていたが、そうした動きを鎮圧した後の明治四年三月二十五日に太政官が東京での斎行を布告し、初めて東京の皇居内にて斎行されることが決定した。神祇大少副の吉田良義が国郡卜定にあたり、悠紀国が甲斐国・主基国が安房国と卜定されたが、平安期の醍醐天皇の御代以降、恒例となっていた近江・丹波（もしくは備中）という悠紀・主基国郡の卜定のあり方とは異なったものであった。この点については阪本是丸が指摘するように、天武天皇の折の悠紀国が播磨国、主基国が丹波国であったことに象徴されるように上代には悠紀・主基の国および東西が固定しておらず、

「中古」を否定する姿勢が見られるが（阪本「明治の即位式と大嘗祭」）、ここでも明治即位式の斎行における新式への改正と同様、神祇少副となっていた福羽美静が大嘗祭御用掛として、その祭儀斎行に関与しており、神祇伯の中山忠能、太政官大弁の坊城俊政、神祇大祐の門脇重綾、同じく神祇大祐の北小路随光らも大嘗祭の執行・準備に関与していたことが知られている。阪本が説くように福羽らは古式を尊重しながらも時勢に応じた祭式や神事の変化・変更を認めたが、斎行時期も含め、明治の即位式・大嘗祭は異例のことであり、然るべき定式は後世に俟ち、より良き即位式・大嘗祭に向けて後世の人々が努力すべきことを望んでいたのである（阪本「明治の即位式と大嘗祭」、「明治の即位式・大嘗祭を繞る論争」）。

即位式から約三年、京都・東京との間で斎行場所をめぐって紆余曲折あった明治の大嘗祭であるが、その後、神宮への由奉幣や抜穂の儀などの神事を経て、同年十一月十七日に大嘗宮の儀が東京において無事斎行されたのである。

「明治」への改元

「明治」改元は、天皇の即位礼から一〇日余経た、慶応四（明治元）年九月八日（一八六八年十月二十三日）に施行された「代始改元（改元の分類でいえば、御代替にてなす改元のこと）」である。改元により、慶応四年九月八日以前、つまり同年一月一日からも九月八日以降は明治元年と称することとなった。

明治への改元は、改元の方法からいえば、先帝崩御後に皇儲（＝皇嗣・天皇の跡継ぎのこと）が践祚し、天皇となった翌年の一月一日をもって改元する「踰年改元」ではなく、「踰月改元（天皇崩御、皇太子が践祚し天皇となった翌月もしくは一定の間隔をおいて改元する方法）」にあたるものである。

天皇が践祚する前の安政五（一八五八）年、日米修好通商条約の調印に反対して孝明天皇は、譲位を口にするようになっていたが、この時期、実子の祐宮（のちの睦仁親王＝明治天皇のこと）は僅か六歳であり、天皇自身は皇嗣たる後継者に伏見宮貞教親王（崇光天皇の十五世王）や有栖川宮幟仁親王（霊元天皇の四世王）、熾仁親王を挙げていた（いずれも猶子または天皇の養子にて親王宣下）。安政五年の時点では実子である祐宮は幼少にて当初、皇儲にもなっていなかったのである。

その後、睦仁親王（祐宮）は無事に成長し、孝明天皇自身も実際に譲位を行うことなく崩御したが、天皇の御意思ではあっても譲位が皇位継承のいわゆる王道（血統や継承順）を変更させる意思、選定に意思が入る余地があったため、幕末期にさらなる政治的な不安定さを発生させていた可能性もあった。この当時の元号の決定については、幕府と朝廷との微妙な連関性のもとに決定されていたこともあって（幕府側への忖度や意向を踏まえる場合もあった）、それゆえ、天皇の崩御後、皇嗣として践祚、天皇となった睦仁親王がわが国における「時」を掌る改元の権限をもし旧幕府側、つまり反対勢力に与えるようなことがあったならば、天皇の権威、あるいは維新政府の権威そのものに揺らぎが生じることにもつながりかねない状況にあったのである。

「明治」の改元にあたっては、『岩倉公実記』の「年號明治ト改元ノ事」によれば、「具視は難陳の如き閑議論を闘わすの儀式は繁褥の流弊たるを以て、首としてその改正を唱え、かつ一世一元の制と爲すの議を建つ。議定、参與、皆これを善とす。因りて上奏、聖裁を經たり」「是に於て松平慶永に命じ、菅原家の堂上が勘文に就き、其語の佳なる者、二三を撰進せしめて、以て聖択を奏請す。九月七日夜、上、賢所に謁し御神樂を奉仕し、親く御籤を抽き、明治の號を獲り給ふ」とある。つまり、輔相岩倉具視の提案により、旧慣となっていた朝廷内での陣儀、公卿難陳などは省略され、議定松平慶永に命じて、式部大輔唐橋在光、式部権大輔清岡長熙、文章博士清岡長延に年号を勘申せしめたところ、「明治」、「観徳」、「康徳」が勘申されたのである。さらには、七日夜にこの三種の年号候補を以て宮中の内侍所にて御神楽をあげ、御神意を伺った上で天皇親らが御籤を引いて「明治」と勅定した。翌日、改元定の儀を行い、岩倉の提案通り難陳が略されて改元の詔書の覆奏がなされ、公家と新政府の要職者による署名がなされて詔書が出されることとなった。
「明治」の語の出典は、『周易』説卦伝に「聖人南面而聴天下、嚮明而治」、『孔子家語』巻五、帝徳に「長聡明、治五気、設五量、撫万民、度四方」とされ、勘申者は前出の唐橋在光であるが、「明治」の語は元号の候補としては、室町時代の「正長」の改元時から既に一〇回も登場していたものである。
明治以降の一世一元の改元に最も尽力した人物は岩倉具視であり、改元の詔書には、次のように記されている（詔書は『太政官日誌』に記載のものを筆者が書き下し文としたものを記す）。

詔書

詔す。太乙を体して、而して位に登り、景命を膺けて以て元を改む。洵に聖代の典型にして、万世の標準なり。朕、否徳と雖も、幸に祖宗の霊に頼り、祇みて鴻緒を承け、躬万機の政を親す。乃ち元を改めて、海内の億兆と与に、更始一新せむと欲す。其れ慶応四年を改めて、明治元年と為す。今より以後旧制を革易し、一世一元、以て永式と為す。主者施行せよ。

明治元年九月八日

この詔に加えて、太政官布告にも「これまで吉凶の兆象に随い、しばしば改元これあり候えども、自今は御一代一号に定められ候」と一世一元の制を採用したことが行政布告の上にも明記された。一世一元は中国の明や清でなされていた制度に倣ったものとしても知られているが、明治二十二（一八八九）年二月十一日に制定された皇室典範第十二条に「践祚ノ後元號ヲ建テ一世ノ間ニ再ヒ改メサルコト明治元年ノ定制ニ従フ」と記され、明治四十二年二月十一日皇室令第一号として公布された登極令の第二条にも「天皇踐祚ノ後ハ、直ニ元號ヲ改ム。元號ハ樞密顧問ニ諮詢シタル後、之ヲ勅定ス」、同第三条にも「元號ハ、詔書ヲ以テ之ヲ公布ス」と記され、法制化されることとなった。

「明治」の改元によって、一世一元の元号が採用されることとなったことで、それまでは干支と元号とを併用していた一般的な慣習が変容することともなった。また、明治五年から六年にかけて太陰太陽暦（天保暦）から太陽暦へと改暦がなされた際も皇紀と元号で年を数えることとされるようになったことも大きな変化であった。その後、天皇の在世中は、元号を変更しないことが明治皇室典範（明治二十二年）に規定され、その後、第二次世界大戦での敗戦後、登極令の廃止や皇室典範の改正などがあり、法的根拠を一旦失ったものの、元号法の制定もあり、現在まで踏襲されていることとなったことは周知の通りである。さらには、明治五年に太陰太陽暦をやめ、グレゴリオ暦（西暦）を採用することとなり、明治五年十二月二日の翌日を明治六年一月一日（一八七三年一月一日）とし、明治五年の十二月三日から三十一日までの二十九日が存在しないこととなったが、これにより窮乏する政府の財政がやや改善されたことや、西暦の月日と日本の元号による月日が一致することになったのもこの明治期からである。

「明治」の元号に対して、当時の江戸の庶民たちは当初、「治まる明（めい）とはよくいったものだ」という狂歌を以て揶揄したが、後世の評価から考えてみても、「昭和」に続き歴代でも二番目の長さとなる四十三年九カ月と七日という長期間にわたる治世とともに、怒涛のごとく進む近代化の中で、版籍奉還や廃藩置県の断行、税制改正、不平等条約の改正や関税自主権の回復という江戸末期からの懸案を解決するとともに、学校教育にも力を注ぎ、文明開化のなかで産業技術の近代化、殖産興業など近代国家の建設を見事に果たしたのが明治という時代でもある。明治から大正期にかけて活躍した夏目漱石の小説「こゝろ」は、まさに世の中を「明」るく照らすような形で天皇の「治」世がなされた、その明治の御代の終焉・明治の精神を登場人物（先生）の殉死に託したものとして知られるが、漱石ならずとも「明治」という元号が、その治世とをうまく指示した年号であったことはいうまでもないことである。

なお、明治の元号は天皇の崩御後、天皇の諡号ともなったが、これは『明治天皇紀』によれば、古来、諡号を年号に採用すること自体が例のないものであったが、明治の御聖業を表彰するに足るべき適当な文字を得ることができず、治世の元号が最も聖蹟を徴象するに相応しいという事由から、明治の年号が諡号となったと記されている。

明治天皇の御東幸

明治天皇は、改元後の明治元年九月二十日（一八六八年十一月四日）の辰の刻（午前七時半頃）に御所紫宸殿に出御、内侍所（賢所）を奉じて鳳輦に乗御、建礼門より御東幸の途に就きあそばされた。行幸には、輔相の岩倉具視、議定の中山忠能、参与の木戸孝允、大木民平、外国官知事の伊達宗城、刑法官副知事の池田章政、内大臣の広幡忠礼、権大納言の三条西季知らが供奉したほか、大洲藩・岡山藩・高知藩・水口藩などの六藩の各藩士らが行幸護衛の任にあたり東海道を進御せられ、十月十三日に江戸城西の丸に無事着御あそばされた。これが二十二日間にわたる、いわゆる明治天皇の初の御東幸である。

御東幸に際しては、東幸以後は京都ではなく、そのまま東京に遷都してしまうのではないかと推測する公家らの反対も多く、九月十四日には六条有容、梅渓通善らが東幸不可論を建議したが、採択されることなく当初の予定通り御東幸は敢行されることとなった。

二十日の朝に御所を発した天皇御東幸の列は、公家・武家ら併せ総勢三、三〇〇余名からなるものであったが、建礼門を出て堺町通から三条通に入った行幸の鹵簿が東向するなか、天皇は粟田口の青蓮院にて小休した後、鳳輦から板輿へと移御して進発したとされる。

地元農民の稲収穫の状況を叡覧
（二世五姓田芳柳画「明治天皇紀附図」宮内庁所蔵、原題「農民収穫御覧」
〈米田雄介編『明治天皇とその時代』より〉）

行幸は天智天皇の山科陵を遥拝した後、初日は大津の行在所へと着御した。ここでも先に述べたような論や天皇の健康面への配慮を事由に天皇東幸に反対する公家らも多く、東幸前の十六日夜に伊勢の豊受大神宮における祭典の最中に皇大神宮の鳥居が転倒したとする神宮祠官からの通報を受けて、御東幸は神慮に叶わぬものとして、大津の行在所に権中納言の大原重徳が馬にて馳せ参じ、御東幸の中止および京都還幸を建言した。しかしながら、輔相であった岩倉具視が大原の建言を一蹴、誓書を神明に奉ることを約して大原を帰洛させている。

翌二十一日に大津の行在所を出発した後、天皇は瀬田において琵琶湖の名勝を楽しんだほか、二十日には、土山の行在所にて天長節の祝賀も行われ、清酒三石、鯣一、五〇〇枚が、地元土山の民らに下賜されたことは、天皇の仁慈を考える上でも意義深いものであるといえよう。

　その後、行幸は二十三日に伊勢へと入り、二十四日に関を出発する際に天皇は神宮を遥拝あらせられた後、四日市へと入り、翌日には桑名へと到着、春日神社に内侍所が奉安せられた。二十六日には、白鳥丸に乗船して名古屋の熱田へ上陸、尾張藩主徳川徳成の別邸を行在所となして、八剣宮に内侍所を奉安、翌二十七日辰の刻に熱田神宮に親謁あそばされた。同日午の刻には、行在所を出発、八丁畷（現・名古屋市瑞穂区）東ノ宮神社付近に駐輦して地元農民の稲収穫の状況を叡覧あらせられた。行幸の列は二十九日には岡崎へと進み、吉田では諏訪神社に内侍所を奉安せられた。

浜名湖畔で初めて太平洋をご覧あそばされる
（『国史絵画』岡精一筆「東京奠都」神宮徴古館所蔵）

　十月一日には遠州新居の手前、潮見坂（静岡県湖西市白須賀）にて遙かに続く砂浜と大波がうねる太平洋を天皇は初めて御覧になり、その沿道にて孝子・節婦・忠臣を表彰されている。翌二日には、浜名湖を船で渡御した後、天竜川を渡り三日に掛川本陣を行在所とした。

　四日には、金谷台に駐輦して天皇は富士山を眺望する。以後も道中にてしばしば富士山を望むこととなるが、この富士山眺望は歴代天皇の中で、初めてのことであった。また大井川には東幸に際して約三百年ぶりに架橋されたが、天皇は仮橋を渡御、富士川を越えた六日には吉原の行在所へ着御、天神社拝殿が内侍所となった。

七日には藤枝から沼津、三島へと入り、三島神社が内侍所となり、天皇は神祇官判事の植松雅言を官幣使として差遣して代拝せしめ、金幣二千疋を奉幣している。八日には箱根山を越えて、天皇はこの折に芦ノ湖と鴨猟を楽しんだとされる。九日に小田原へと入り、翌十日に大磯にて地引網を天覧の後、藤沢の行在所を経て、十一日に神奈川へと着御。洲崎神社に内侍所を奉安せられたが、英・仏両国の軍隊が列をなして行幸の鹵簿を拝礼したほか、通輦の際に横浜港に停泊する各国軍隊の軍艦が斉しく祝砲を放ち、神奈川砲台もそれに応じて答砲を放っている。神奈川を出た行幸は、十二日に品川宿本陣へと着御している。

十三日の早朝、品川宿本陣の行在所(この折の内侍所は天王社＝現在の荏原神社に奉安、明治二年の再行幸の折も同様)を出発した天皇の板輿を東征大総督の有栖川宮熾仁親王、鎮将の三条実美、東京府知事の烏丸光徳らが奉迎、先導した。行列は品川から芝増上寺に向かって進み、昼食後に天皇は板輿から鳳輦へと乗御し、伶人の奉奏のもと、供奉する親王、公卿、諸侯も衣冠帯剣、三等官以上の随員徴士も直垂帯剣にて皆乗馬して、壮麗なる行幸の隊列が呉服橋から和田倉門を経て午の刻(午後一時すぎ)に江戸城へと着御。坂下門では在京の五等官以上および旧大名が奉迎した。江戸城西の丸御殿を皇居と定め、内侍所は城内山里の社殿に奉安せられた。

東京へ入御
（二世五姓田芳柳画「明治天皇紀附図」宮内庁所蔵、原題「東京御着輦」
〈米田雄介編『明治天皇とその時代』より〉）

また、この入御の際には、江戸市中の民らは老若男女を問わず多くが沿道に列して鳳輦を拝した。さらに江戸城は、この天皇着御に併せて、東京城と改称（その後再度の御東幸後に「皇城」となり、さらに「宮城」と改称され、戦後「皇居」と改称）されることとなった（『明治天皇紀』第一）。

最初の天皇御東幸の総経費は、七七八、四六〇円八九銭であったが、東幸後には東京市中一同に祝酒が下賜され、市中の人々は初めて天皇の仁慈に浴することとなったのである。

前述したように、公家らの強い抵抗・反対もあったなか、明治天皇は御東幸を決断あそばされた。そのことによって、改称された東京という新たな地において、いよいよ天皇による親政が開始される基盤が萌芽したのであるが、事実、東京着御から四日後の十七日には、天皇は東京に在する百官有司らに詔を下して、万機親裁する聖慮を示し賜うとともに、副達となる行政官布告を発している。これら詔・布告に基づき、関東以東の庶政を統括した鎮将府が廃されることとなり、三条実美は鎮将を辞め、輔相の任に就くこととなった。以後、駿河以東の東日本における政務・政令の一元化が図られることとなったのである。

なお、東京に入御した天皇には、列国公使の謁見など政務の傍ら、治国の大要を修得すべく帝王教育が開始された。二と七の日については、午前に習字、午後に『史記』の講義。三と八の日が、午前に江戸時代中期の儒者である栗山潜鋒が著した史書『保建大記』の輪読、午後は乗馬。四と九の日については、午前が習字、午後は、南北朝時代の公卿として知られる北畠親房の『神皇正統記』の輪読、五の日が中国北宋の司馬光が著した歴史書である『資治通鑑』の講義と定められ、これらが主な日課とされた。なかでも天皇は、岩倉や三条、中山をはじめ、近習らと乗馬を多く嗜まれたが、陸海軍の拝謁にも積極的に臨まれている。

近世以降の天皇は、江戸幕府との関係性から京都を離れたことがなく（例えば、先帝である孝明天皇は、文久三年に御所から出て男山の石清水八幡宮・賀茂社へと攘夷祈願のため行幸されたものの、誕生から崩御までを京都で過ごしている）かつ、歴代天皇でも美濃・伊勢以東への御東幸は、初めてのことであり、その点でも明治初年の明治天皇の御東幸は、単に京都の公家を中心とする守旧派勢力から天皇を切り離したというだけではなく、皇室の歴史のなかでもまさに画期的なものであったといえよう。天皇はその後、明治元年十二月八日に東京を出発、二十二日に一旦京都へと還幸し、京都の市民らを安心させたが、翌明治二年正月二十日には、再び東京へと行幸あそばされることが決定し、三月七日に御東幸、十三日に伊勢の神宮に御親拝の後、同月二十八日に再度東京に着御あそばされ、その後は京都へ還幸することはあっても再び京都に居を移すことはなかった。二年十月には皇后も東京へと着御あそばされる。ここに東京奠都が確立することとなったのである。天皇の再度の御東幸に併せて二月二十四日には、それまで京都にあった行政機構の中心である太政官を東京へと移転することも布告されている。なお、岩倉は再度の東京行幸に際して「遷都論の事」を三条に送っているが、その文には京都・大坂の市民が動揺することや、その行幸に遷都的意味のないことを述べた上で、「此後千百年ヲ經ルモ決シテ東京ニ遷鼎シテ此都府ヲ廢セラルルコトハ萬々之レ無キ筈ナリ」と記しているが、以後、天皇が事実上、東京に移ったこともあって、東西二京とはしていたものの、東京への各政治機関の移転はやむなき現実となっていったのである。加えて明治三年には京都への天皇還幸の延期が布告、四年八月には京都の留守官も廃止、京都からの政府機関の撤退が図られることとなった。

明治初年の御東幸中は、先に記したように、神祇官判事の任にあった参与の植松雅言を勅使として、各沿道の延喜式内社に奉幣せられたほか、品川宿本陣の天王社をはじめとして多くの行在所で付近の神社に内侍所が奉安された。さらには、孝子・節婦・忠臣らを褒賞。また、農業や漁業の様子をも天覧あそばされたことも注目すべき点である。また、合計で一一、八〇七名におよぶ七十歳以上の高齢者や困窮者に救恤せられるなどしたことは、近代以降の皇室の社会福祉事業の嚆矢ともいうべき思召がなされたもので、この御東幸の一つの特徴であるといえよう。それゆえ皇室の福祉と神道・神社との関係性を考える上でも、この明治天皇の最初の御東幸の一つひとつの内容は非常に興味深いものがある。

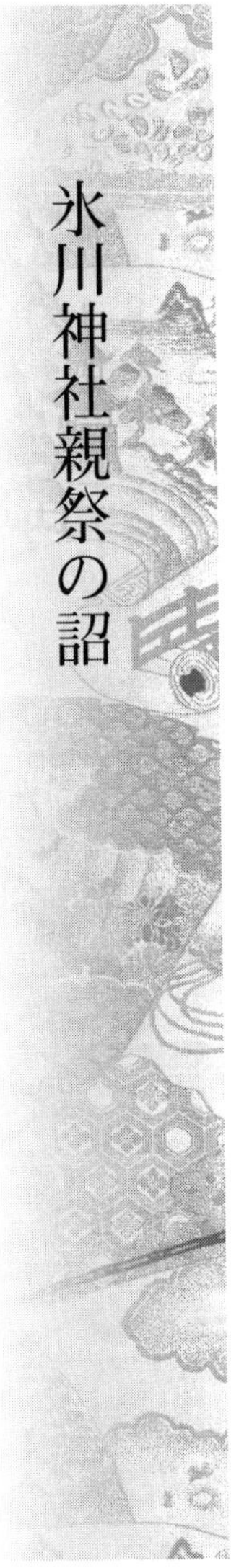

氷川神社親祭の詔

氷川神社親祭の詔とは、明治元年十月十七日（一八六八年十一月三十日）に明治天皇が祭政一致の趣旨に基づき、旧中山道大宮駅に鎮座する氷川神社を武蔵国鎮守と定めて勅祭社と為す詔を下されたことである。

この詔が出された後、十月二十八日に明治天皇は氷川神社に御親謁、沿道には多くの市民が列をなして天皇の氷川神社行幸を拝し、翌二十九日に東京城に還幸あらせられた。また、この詔は「祭政一致の詔」とも称される通り、神祇を尊び祭祀を重んずることが皇国の大典であり、我が国の政教の基本を示したものである。それとともに詔に記された祭政一致の精神を天皇親らが身を以てお示しになったことでも知られている。

十月十三日の東京城への東幸着御後、天皇は初めて政務を執り、群臣に謁見する朝堂に臨御あそばされ、天皇が内外の政を親裁して百官有司に対しては、忌憚なく議論直諫する趣旨の詔（万機親裁の詔）を示されるとともに、祭政一致の趣旨を示す氷川神社親祭の詔を発せられた。その詔は次の通りである。

詔ス。神祇ヲ崇メ、祭祀ヲ重ンズルハ、皇國ノ大典、政教ノ基本ナリ。然ルニ、中世以降、政道漸ク衰ヘテ、祀典擧ラズ、遂ニ綱紀ノ不振ヲ馴致セリ。朕、深ク之ヲ慨ク。方今、更始ノ秋、新ニ東京ヲ置キ、親シク臨ミテ政ヲ視、將ニ先ヅ祀典ヲ興シ、綱紀ヲ張リ、以テ祭政一致ノ道ヲ復サントス。乃チ武藏國大宮驛氷川神社ヲ以テ、當國ノ鎭守ト爲シ、親幸シテ之ヲ祭ル。自今以後、歳ゴトニ奉幣使ヲ遣シ、以テ永例ト爲サン。

明治元年戊辰十月

（『明治天皇紀』第一、原文を著者書き下し）

また、併せてこの詔の副書として、

今般御東幸被爲遊候ニ付テハ、祭政一致之思召ヲ以テ、別紙詔書之通、武蔵國大宮驛氷川神社、以後當國之鎭守、勅祭之社ト被爲定、當月下旬行幸、御參拜可被爲遊旨、被仰出候事

との布告が出されている。

詔が発せられてから十日後の十月二十七日、天皇は氷川神社に行幸のため、卯の上刻（午前五時半）に東京城を出発。本郷の金沢藩主前田慶寧邸にて小休の後、巣鴨を経て、板橋本陣からは、出迎えた武蔵縣知事山田政則の先導にて志村、蕨各駅にて小休の後、申の刻（午後四時）に浦和の行在所にて宿泊あそばされた。

翌二十八日には、板輿にて浦和の行在所を出御、巳の刻（午前十時）に大宮駅に着御、氷川神社祠官邸にて御更衣の後、鳳輦に乗御、社家二名の前導にて参道を進み、唐門外石橋前で神職らは奉迎拝伏した。

大宮氷川神社

天皇は鳳輦より降りて拝殿へと進むと、神祇官判事の植松雅言、同権判事の平田延胤らが脇門から入って唐櫃から幣帛を執り、天皇がこれを手にして奉幣せられて、判事に授けられた。判事はこれを神職に伝えると、神職は昇殿して神前の案上に奉安して降殿、返祝詞を奏上、親拝の儀は終了した。天皇は唐門前から鳳輦に乗御し行在所へと移動。午後は板輿に乗御して浦和の行在所へと還御あらせられた。翌日、卯の刻（午前六時）に行在所を出発。蕨、板橋、巣鴨、本郷を経て申の刻に無事東京城へ還幸あそばされた（『明治天皇紀』第一）。

なお、氷川神社は翌年勅使の参向があり、翌三年十一月一日には、再度天皇の御親拝を仰いでいる。十一年八月三十一日には三度目の行幸があった。御親祭以後の氷川神社の例祭には、勅使参向のもと、御神楽「東遊」の奉納が恒例となり、今日に及んでいる。

天皇の東幸後、直ちに武蔵国の鎮守として大宮の氷川神社を勅祭社に定められたのは、そもそも同社が第五代の孝昭天皇の勅願によって創建されたという由緒があり、第一二代景行天皇の御代にその皇子である日本武尊が東夷鎮定の祈願をなされたと伝えられるなど、神社鎮座の年代が極めて古く、かつ奈良時代より国史にその名を刻む古社として知られていたことや、延喜式内社としても名神大社に列せられ、祈年、月次、新嘗の案上の官幣に預かる社であったことも挙げられよう。加えて中世には武蔵国の一之宮となっていたこともあって、かつて平安京への奠都の際に京の鎮護として山城国一之宮であった上下賀茂社を皇室が篤く崇敬していたことと同様の思召からであったと考えられている（『明治天皇詔勅謹解』）。

親祭の詔では「自今以後、歳ごとに奉幣使を遣し、以て永式と為せ」とあるが、約一カ月後の十一月八日には、東京近傍の名社十二社（日枝、根津、芝神明、神田、白山、亀戸、品川、富岡八幡、王子、赤坂氷川、府中六所、鷲宮の各社）が神祇官より選定され、これを勅祭社に准じて神祇官からの官幣使を差遣して月次の御祈禱を仰付、神祇官の直支配に属する准勅祭社（東京十二社）の制も定められた。

准勅祭社の制は、京都に比して大社、古社の少ない東京市中において、近郊の古社も含め、由緒深き社を勅祭に准ずる社として定めたものであり、勅祭社として定められた氷川神社とともに、日枝神社、芝神明宮にも勅使が差遣されるなど、その取扱は鄭重なものがあった。一方で准勅祭社とする取扱には各方面から異論もあり、神祇官から度々辨官に対して上申がなされるなどしたため、結果、准勅祭社の制は、明治三年九月二十八日に神祇官から府県管轄に委任となりその呼称とともに制度自体が廃止となったのである（神祇院編『社格制度の沿革』）。

三日間に及んだ天皇の氷川神社行幸においては准大臣の中山忠能、権大納言の徳大寺実則、右大辨の坊城俊政、参与の大久保利通、出納司判事の三井次郎右衛門らをはじめ、数百人が供奉した。その鹵簿も荘厳なもので、まさに空前の盛儀ともいうべき一大行幸であった。さらには沿道各駅に養老、施賞、賑恤がなされるなどの御聖慮もあり、「政ヲ視ルニ、將ニ先ヅ祀典ヲ興シ綱紀ヲ張リ、以テ祭政一致ノ道ヲ復サントス」という詔に示された趣旨が、天皇親ら身を以て示すこととなった行幸でもあったのである。

明治天皇の氷川行幸の後、福羽美静ら神祇官僚らの周旋によって神祇官の祭政一致にかかる政策が推進されてゆくこととなった。福羽の下で神祇政策の推進に尽力した神祇官僚の一人が近年、武田秀章氏の丹念な研究にて知られる門脇重綾である。明治四年九月に神祇省鎮祭の皇霊が、宮中賢所へと遷座、天皇親祭の中心ともいうべき、宮中三殿の原型が成立し、天皇親祭の制度形成が具現化してゆくこととなる。その国家祭祀の軸心の形成の一端には、のちの神祇省の首脳ともなる門脇の神話理解や賢所改革・皇霊遷座を求めた建議や意見が影響したものと考えられている。

大政奉還直後の王政復古の大号令から、氷川神社の親祭の詔に至るまで縷々、明治維新直後の天皇と神祇にかかる約一年間の動きを述べてきたが、この一年のみの動きにおいても、現代の我が国における種々の政治・行政の動きのなかで、神祇政策においてもダイナミックな変革が生じていたことが本書のほんの僅かばかりの記述だけでも明らかであろう。一五〇年前の幕末維新期の激動の一年を改めて顧みると、我が国の近代化の歩みのなかで、明治天皇がお示しあそばされた神祇および政教の基本をいかに現代を生きる我々がこれを体しつつ、現代社会の諸制度のなかで、いかに顕現することができるのだろうか。維新から一五〇年を経た現在、神社・神職のあり方をも含め、未来へ向けて改めてこの国のカタチも含めて種々問い直してゆくべき時期がきているものと考える。

参考資料——関係布告等の法令（抄）

神祇官を始め旧儀再興の策問　慶応三年十一月十七日

大樹並各藩へ

政權之儀武家へ御委任以來數百年於朝廷廢絶之舊典即今難被爲行届者十目之所視ニ候乍去被聞食候上ハ神祇官ヲ始太政官夫々舊儀御再興之思召ニ候間何レハ八省其外寮司之内へ諸藩ヲ被爲召加年々交代可有勤仕細目之儀者追々可被仰出朝廷御基本ニ被爲在候間右ニ基キ見込言上可有之思召候事（以下略）

五箇条の御誓文　明治元年三月十四日

御誓文

一　廣ク會議ヲ興シ萬機公論ニ決スヘシ

一　上下心ヲ一ニシテ盛ニ經綸ヲ行フヘシ

一　官武一途庶民ニ至ル迄各其志ヲ遂ケ人心ヲシテ倦マサラシメン事ヲ要ス

一　舊來ノ陋習ヲ破リ天地ノ公道ニ基クヘシ
一　智識ヲ世界ニ求メ大ニ皇基ヲ振起スヘシ
我國未曾有ノ變革ヲ爲ントシ
朕躬ヲ以テ衆ニ先ンシ、天地神明ニ誓ヒ、大ニ斯國是ヲ定メ、萬民保全ノ道ヲ立ントス、衆亦此旨趣ニ基キ、協心努力セヨ
年號月日　御諱

王政復古の大号令(『法令全書』通番　慶応三年太政官布告第十三)

十二月九日　　宮堂上へ諭告

徳川内府従前御委任大政返上將軍職辭退之兩條今般斷然被　聞食候抑癸丑以來未曾有之國難　先帝頻年被害惱　宸襟候御次第衆庶之所知候依之被決　叡慮　王政復古國威挽回ノ御基被爲立候間自今攝關幕府等廢絶即今先假ニ總裁議定參與之三職被置萬機可被爲　行諸事　神武創業之始ニ原キ縉紳武弁堂上地下之無別至當之公議ヲ竭シ天下ト休戚ヲ同ク可被遊　叡慮ニ付各勉勵舊來驕惰之汚習ヲ洗ヒ盡忠報國之誠ヲ以テ可致奉　公候事
一　内覧　勅問御人數國事御用掛議奏武家傳奏守護職所司代總テ被廢候事
一　三職人躰
總裁

有栖川帥宮
議定
仁和寺宮
山階宮
中山前大納言
正親町三條前大納言
中御門中納言
尾張大納言
越前宰相
安藝少將
土佐前少將
薩摩少將
參與
大原宰相
萬里小路右大辨宰相
長谷三位
岩倉前中將

橋本少將
尾藩　三人
越藩　三人
藝藩　三人
土藩　三人
薩藩　三人

一　太政官始追々可被爲興候間其旨可心得居候事
一　朝廷禮式追々御改正被爲在候得共先攝籙門流之儀被止候事
一　舊弊御一洗ニ付言語之道被洞開候間見込有之向ハ不拘貴賤無忌憚可致獻言且人材登庸第一之御急務ニ候故心當之仁有之候者早々可有言上候事
一　近年物價格別騰貴如何共不可爲勢富者ハ益富ヲ累ネ貧者ハ益窘急ニ至リ候趣畢竟政令不正ヨリ所致民ハ王者之大寶百事御一新之折柄旁被惱　宸衷候智謀遠識救弊之策有之候者無誰彼可申出候事
一　和宮御方先年關東へ降嫁被爲在候得共其後將軍薨去且　先帝攘夷成功之　叡願ヨリ被爲許候處始終奸吏ノ詐謀ニ出御無詮之上ハ旁一日モ早ク御還京被爲促度近日御迎公卿被差立候事
右之通後確定以一紙被　仰出候事

御宸翰之御写（明治元年三月十四日）

朕、幼弱を以て、猝に大統を紹ぎ、尓來何を以て万國に對立し、列祖に事へ奉らんやと、朝夕恐懼に
堪さる也。竊に考るに、中葉
朝政衰てより、武家権を専らにし、表は朝廷を推尊して、實は敬して是を遠け、億兆の父母として、
絶て赤子の情を知ること能ざるやふ計りなし、遂に億兆の君たるも唯名のみに成り果、其か為に、今
日
朝廷の尊重は、古へに倍せしが如くにて朝威は倍衰へ、上下相離るゝこと霄壌の如し、かゝる形勢に
て、何を以て天下に君臨せんや、
今般
朝政一新の時に膺り、天下億兆、一人も其處を得ざる時は、皆朕が罪なれば、今日の事
朕自身骨を勞し、心志を苦め、艱難の先に立、古列祖の盡させ給ひし蹤を履み、治蹟を勤めてこそ、
始て天職を奉じて、億兆の君たる所に背かざるべし
往昔、
列祖萬機を親らし、不臣のものあれば、自ら將として之を征し玉ひ
朝廷の政、總て簡易にして、如此尊重ならざるゆへ、君臣相親しみて、上下相愛し、德澤天下に洽く、
國威海外に輝きしなり、然るに近来宇内大に開け、各國四方に相雄飛するの時に當り、獨我邦のみ世
界乃形勢にうとく、旧習を固守し、一新の効をはからず
朕徒らに九重中に安居し、一日の安きを偸み、百年の憂を忘るゝときは、遂に各國の凌侮を受け、上

ハ
列聖を辱しめ奉り、下ハ億兆を苦しめん事を恐る、故に
朕、こゝに百官諸侯と廣く相誓ひ
列祖の御偉業を繼述し、一身乃艱難辛苦を問ず、親ら四方を経営し、汝億兆を安撫し、遂には万里の
波濤を拓開し、國威を四方に宣布し、天下を富岳の安きに置んことを欲す、汝億兆、旧來の陋習に慣
れ、尊重のみを
朝廷の事となし
神州の危急をしらず
朕、一たひ足を擧れば、非常に驚き、種々の疑惑を生じ、萬口紛紜として、朕か志をなさゞらしむる
時ハ、是
朕をして君たる道を失はしむるのみならず、従て
列祖の天下を失はしむる也、汝億兆、能々
朕か志を躰認し、相率て私見を去り、公議を採り、
朕か業を助て
神州を保全し
列聖の神靈を慰し奉らしめは、生前の幸甚ならん
右

御宸翰之通、廣く天下億兆蒼生を
思食させ給ふ、深き
御仁恵の御趣意ニ付、末々之者に至る迄敬承し奉り、心得違無之
國家の為に、精々其分を盡すべき事

三月

總裁
輔弼

神仏判然に関する法令（抄）

神祇事務局第百六十五（諸社へ達）慶応四年三月十七日

今般王政復古舊弊御一洗被爲在候ニ付諸國大小ノ神社ニ於テ僧形ニテ別當或ハ社僧抔ト相唱へ候輩ハ復飾被仰出候　若シ復飾ノ儀無餘儀差支有之分ハ可申出候仍テ此段可相心得候事
但別當社僧ノ輩復飾ノ上ハ、是迄ノ僧位僧官返上勿論ニ候官位ノ儀ハ追テ御沙汰可被爲在候間當今ノ處衣服ハ淨衣ニテ勤仕可致候事
右ノ通相心得致復飾候面々ハ當局へ届出可申者也

太政官第百九十六　慶応四年三月二十八日

一　中古以來某權現或ハ牛頭天王之類其外佛語ヲ以神號ニ相稱候神社不少候何レモ其神社之由緒委細ニ書付早々可申出候事

但勅祭之神社　御宸翰　勅額等有之候向ハ是又可伺出其上ニテ御沙汰可有之候其餘之社ハ裁判鎭臺領主支配頭等へ可申出候事

一　佛像ヲ以神体ト致候神社ハ以來相改可申候事

附本地抔ト唱へ佛像ヲ社前ニ掛或ハ鰐口梵鐘佛具等之類差置候分ハ早々取除キ可申事

右之通被　仰出候事

太政官仰第二百二十六　慶応四年四月十日

諸國大小之神社中佛像ヲ以テ神體ト致シ又ハ本地抔ト唱へ佛像ヲ社前ニ掛或ハ鰐口梵鐘佛具等差置候分ハ早々取除相改可申旨過日被　仰出候然ル處舊來社人僧侶不相善氷炭之如ク候ニ付今日ニ至リ社人共俄ニ威權ヲ得陽ニ御趣意ト稱シ實ハ私憤ヲ霽シ候樣之所業出來候テハ御政道ノ妨ヲ生シ候而巳ナラス紛擾ヲ引起可申ハ必然ニ候左樣相成候テハ實ニ不相濟儀ニ付厚ク令顧慮緩急宜ヲ考へ穩ニ取扱ハ勿論僧侶共ニ至リ候テモ生業ノ道ヲ不失益國家之御用相立候樣精々可心掛候且神社中ニ有之候佛像佛具取除候分タリトモ一々取計向伺出御指圖可受候若以來心得違致シ粗暴ノ振舞等於有之ハ屹度曲事可被仰付候事

但　勅祭之神社　御宸翰　勅額等有之向ハ伺出候上御沙汰可有之其餘ノ社ハ裁判所鎭臺領主地頭

等へ委細可申出事

明治元年四月二十四日　第二百六十

此度大政御一新ニ付石清水宇佐筥崎等八幡大菩薩之稱號被爲止八幡大神ト奉稱候様被　仰出候事

明治元年四月閏四日　第二百八十

今般諸國大小之神社ニオイテ神佛混淆之儀ハ御廢止ニ相成候ニ付別當社僧之輩ハ還俗之上神主社人等之稱號ニ相轉神道ヲ以勤仕可致候若亦無據差支有之且ハ佛教信仰ニテ還俗之儀不得心之輩ハ神勤相止立退可申候事

但還俗之者ハ僧位僧官返上勿論ニ候官位之儀ハ追テ　御沙汰可有之候間當今之處衣服ハ風折烏帽子淨衣白差貫着用勤仕可致候事

是迄神職相勤居候者ト席順之儀ハ夫々伺出可申候其上御取調ニテ　御沙汰可有之候事

明治元年五月三日　第三百六十六

石清水八幡大神

右大菩薩號被止候ニ付魚味奉供候旨被　仰出候事

明治元年六月二十二日　第五百四

東本願寺　西本願寺
興正寺　佛光寺
專修寺（此分九月十七日達ス）

先般神祇官御再興神佛判然之御處分被爲在候ハ專孝敬ヲ在天　祖宗ニツケサセラル、爲ニテ今更宗門ヲ褒貶セラル、ニアラス然ルニ賊徒訛言ヲ以テ　朝廷排佛毀釈コレツトムナト申觸シ下民ヲ煽惑動搖セシムル由素ヨリ彼等斯好生至仁億兆一般之　叡慮ヲ奉戴セサルノミナラス則宗門ノ法敵トモ謂ツヘシ仍テ敎旨說諭便宜ヲ以民心安堵方向相定作業相勵可申樣門末敎育可致旨　御沙汰候事

明治元年十月十八日御沙汰第八百六十二

法華宗諸本寺

王政御復古更始維新之折柄神佛混淆之儀御廢止被　仰出候處於其宗ハ從來三十番神ト稱シ皇祖太神ヲ奉始其他之神祇ヲ配祠シ且曼陀羅ト唱ヘ候內エ　天照皇太神八幡太神等之御神號ヲ書加エ剩ヘ死體ニ相着セ候經帷子等ニモ神號ヲ相認候事實ニ不謂次第ニ付向後禁止被　仰出候間總テ神祇之稱號決テ相混シ不申樣屹度相心得宗派末々迄不洩樣可相達旨　御沙汰候事
但是迄祭來候神像等於其宗派設候分ハ速ニ可致燒却候若又由緖有之往古ヨリ在來之分ヲ相祭候類ハ

夫々取調神祇官へ可伺出候事

改号に関する件

明治元年九月八日　太政官布告

今般　御即位御大禮被爲濟先例之通被爲改年號候就テハ是迄吉凶之象兆ニ隨ヒ屢改號有之候得共自今

御一代一號ニ被定候依之改慶應四年可爲明治元年旨被　仰出候事

（詔書）略

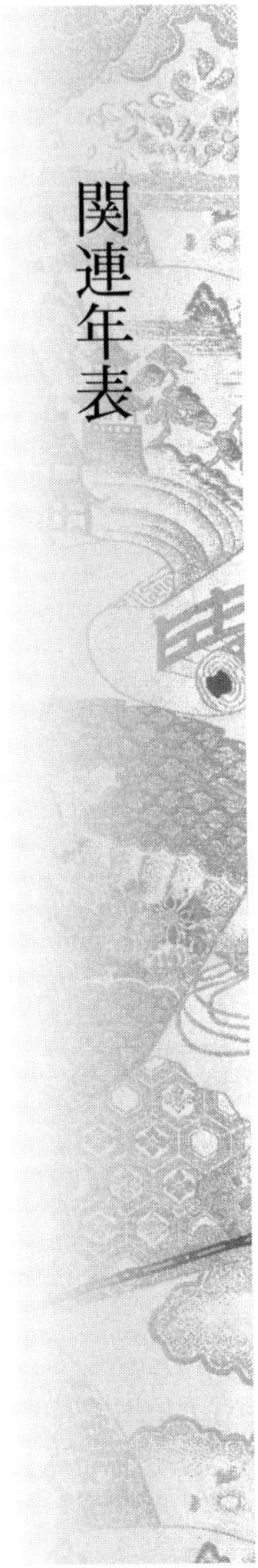

関連年表

年月	事項
文久3年3月11日	孝明天皇、攘夷祈願のため賀茂社へ行幸
4月11日	孝明天皇、攘夷祈願のため石清水八幡宮へ行幸
7月2日	薩英戦争起こる
12月23日	二条斉敬、関白となる
文久4年2月15日	幕府、京都守護職に松平容保を免じて松平慶永（春嶽）を任命する（7月に松平容保が復職）
元治元年7月19日	蛤御門の変起こる
8月13日	幕府、征長出陣を命じる
元治2年2月18日	春日祭の旧儀再興
4月7日	改元、慶応と改める
慶応元年4月12日	幕府、再度征長出陣を諸藩に命じる
4月24日	吉田祭の復興
6月22日	祇園臨時祭の再興
10月7日	内侍所および七社七寺に国家安寧を御祈願
11月15日	大原野祭の再興
慶応2年1月21日	桂小五郎・西郷隆盛、坂本龍馬の斡旋により薩長同盟を交わす
4月7日	松尾祭再興
6月7日	幕府軍、長州藩と開戦（第二次長州征伐）、翌日幕府、長州藩に宣戦布告
7月20日	江戸幕府第14代将軍徳川家茂、大坂城にて没する
	8月20日に政務輔翼であった徳川慶喜の宗家相続を認める

年	月日	事項
	12月5日	権中納言従三位徳川慶喜、内大臣に任じられ、征夷大将軍に補される（江戸幕府第15代将軍となる）
	12月25日	孝明天皇崩御
慶応3年	1月9日	睦仁親王、清涼殿代で践祚、関白二条斉敬を摂政とする
	1月15日	朝廷、有栖川宮幟仁親王、正親町実徳の参内を許し、前関白九条尚忠の重謹慎を解く
	1月29日	朝廷、山階宮晃親王以下の公家を赦免し、久我建通、岩倉具視の入京を許可する
	5月14日	松平慶永、山内豊信、伊達宗城、島津久光ら徳川慶喜と会談し、国事を討議する
		一条勝子（美子）御生誕、天皇の女御に御内定する
	5月21日	中岡慎太郎、西郷隆盛ら京都で会談し挙兵倒幕を密約する
	5月24日	兵庫開港を条約勅許
	5月28日	天皇の歌道師範に幟仁親王、熾仁親王を手習助教とする
	6月13日	長崎奉行、浦上のキリスト教徒を逮捕する
	7月	この時期、大久保利通、岩倉具視らと王政復古を計画
	8月	この時期、名古屋地方を中心に「ええじゃないか」起こり、東海道、京畿・江戸にも広がる
	9月18日	薩長二藩、討幕挙兵を約し、20日は安芸藩も賛同する
	10月3日	山内豊信、幕府に大政奉還を建白
	10月13日	江戸幕府第15代将軍徳川慶喜、大政奉還を諸藩の重臣に諮る
		岩倉具視、薩摩藩に討幕の密勅、長州藩に官位復旧の宣旨を通達
	10月14日	江戸幕府第15代将軍徳川慶喜、大政奉還を奏請、長州藩に討幕の密勅下る
	10月15日	徳川慶喜からの大政奉還を勅許
	10月24日	徳川慶喜、将軍職の辞職を請願する
	11月13日	近江屋事件起こる。中岡慎太郎、坂本龍馬ら暗殺される
	12月8日	三条実美らの官位を復し、京への入京を許可する
	12月9日	王政復古の大号令、摂政・関白、幕府等の制を廃止
		総裁・議定・参与の三職を置き、明治新政府の樹立、小御所会議の開催
		会津・桑名二藩の禁門守衛を免じ、帰国を命ずる　朝彦親王の参朝を停止する
	12月10日	徳川慶喜の辞職を許し、辞官納地を下命する
	12月14日	王政復古を諸藩に布告する
	12月22日	万機親裁を布告する

慶応3年12月24日	旧幕府、江戸の薩摩藩邸を焼き討ちする
慶応4年1月3日	鳥羽伏見の戦い、戊辰戦争（～翌年5月18日終結）
1月4日	仁和寺宮嘉彰親王を征討大将軍となす
1月7日	徳川慶喜追討の詔が出される
1月8日	徳川慶喜、大坂城を出立し、海路にて江戸に向かう（11日着）
1月10日	政府、徳川慶喜以下27名の官位を剝奪し、旧幕府領を直轄とする
	外国条約に天皇と称することを各国公使に告知する
1月13日	政府、太政官代を九条道孝邸に設置する
1月15日	政府、王政復古を諸外国に布告する
1月17日	三職七科を設置し、新政府の職制を定める
1月27日	太政官代を二条城へ移す
2月3日	三職七科を改めて三職八局とする　二条城太政官代にて徳川慶喜親征の詔を発し給う
2月9日	有栖川宮熾仁親王を東征大総督に任命する
2月15日	東征大総督有栖川宮熾仁親王、東征のため進発する
2月22日	京都に学校掛を設置、玉松操・平田鉄胤・矢野玄道ら国学者を任命し、学校制度を諮問させる
3月6日	東征大総督府、15日に江戸城攻撃を命令する
3月13日	祭政一致、神祇官再興の布告
3月14日	天皇、紫宸殿にて天神地祇を祀り、国是とする五箇条を（五箇条の御誓文）を御誓約する
	億兆鎮撫、国威宣揚の宸翰を賜る
	勝海舟、西郷隆盛と薩摩藩邸にて会談し、江戸開城を決定する
3月15日	政府、キリシタン禁制の高札を掲示（五榜の掲示）
3月17日	諸国神社の別当（兼務する僧侶）に還俗の命令がなされる
3月20日	天皇、大坂へ親征のため行幸、その途上にて石清水八幡宮へ参拝する（23日着御）
3月26日	天皇、海軍を天保山沖に御親閲
3月28日	神仏混淆の廃止（仏像、仏具等の撤去）をなす、いわゆる神仏分離（神仏判然令）出される
4月1日	近江国、日吉社祠官樹下茂国ら、日吉社の仏像、仏具等を焼却する（廃仏毀釈行われる）
4月6日	天皇、諸藩兵の操練を大坂城にて御覧あそばされる
4月11日	江戸城開城し、徳川慶喜は水戸へ幽居となる

慶応4年4月15日	学習院を仮大学寮とする
4月21日	東征大総督熾仁親王、江戸城へ入城
閏4月5日	天皇、大坂城にて大砲発射を御覧あそばされる
閏4月7日	天皇、大坂御発輦（8日京都着御）
閏4月15日	親王、諸王の別、皇族の世数、賜姓の制を定める
閏4月17日	浦上のキリシタン四、〇〇〇名を二四藩に分割して預けることとする（いわゆる浦上四番崩れ）
閏4月21日	政体書を制定し、太政官を議政以下七官（議政官・行政官・神祇官・会計官・軍務官・外国官・刑法官）とする
閏4月27日	政体書を頒布、地方を府・藩・県に分割する
閏4月29日	徳川（田安）家達、徳川宗家を継承する
5月3日	奥羽越列藩同盟が成立する
5月10日	嘉永6年以来の国事殉難者の霊を京都霊山に祀る（いわゆる招魂祭の開始）
5月12日	江戸府の設置
5月15日	上野戦争起こる（新政府軍が彰義隊を攻撃）
5月21日	長崎浦上のキリシタンを山口・津和野・福山三藩へと分割して預けることとする
6月17日	神奈川裁判所を改め、神奈川府となす
6月26日	神宮・熱田神宮へ勅使を差遣、王政復古を御奉告する
6月29日	昌平黌を再興し、昌平学校と称する
7月2日	神宮に勅使を差遣し、新政の御奉告と奥羽平定を御祈願する
7月17日	東京改称の詔（江戸を東京と改称する）
	鎮将府・東京府を設置する
7月26日	天長節を制定する
8月9日	天皇、賀茂社に御参拝あそばされる
8月16日	賀陽宮朝彦親王を広島に幽閉
8月19日	榎本武揚ら幕府軍艦八隻を率いて品川を出航する
8月23日	新政府軍、会津若松城を総攻撃（会津戦争）、9月22日に会津藩降伏
8月27日	天皇、紫宸殿にて即位式を挙行あそばされる
明治元年9月8日	明治と改元、慶応4年を明治元年と改め、一世一元の制を定める
9月11日	神宮に神嘗祭奉幣使を発遣し、奥羽平定を御祈願

年	月日	事項
明治元年	9月16日	皇学所を設置する
	9月20日	天皇、東京へ御行幸
	9月21日	開成所を復興し、開成学校と称する
	9月24日	東幸中、伊勢の関にて神宮を御遥拝あそばされる
	9月27日	東幸中、熱田神宮を参拝あそばされ、農民の収穫を御覧になる
	10月13日	天皇、東京へ着御、江戸城西の丸を皇居となし、東京城と称す
	10月17日	万機親裁の詔をなす
		氷川神社親祭の詔をなす
	10月27日	天皇、武蔵国大宮に行幸あそばされる
	10月28日	天皇、武蔵国大宮の氷川神社に御親拝(29日還幸)
	10月29日	東征大総督熾仁親王、東征の軍功を賞し、その職を解く
	11月2日	熾仁親王、錦旗と節刀を奉還する
	11月16日	天皇、海軍を濱殿にて御覧あそばされる
	12月5日	神宮に勅使を発遣し、奥羽平定を御奉告する
	12月7日	東京城に宮殿の造営を命じる
	12月8日	天皇、京都へ還御(22日着御)
	12月15日	京都府の殉難者を霊山に祀る
	12月20日	各府藩県に神祇官支配以外の式内社、大社、府藩県崇敬神社の取調命令下される
	12月23日	明治天皇、京都へ還御
	12月25日	昌平学校、開成学校規則制定される
		孝明天皇祭、後月輪東山陵を御参拝
	12月26日	一条勝子を従三位に叙し、御名を美子と賜う
	12月28日	一条美子を皇后に冊立
明治2年	1月4日	政始を行う(以後恒例となる)
	1月16日	御学問所出御始
	1月20日	薩摩・長州・土佐・肥前の各藩主、版籍奉還を上奏する
		関所を廃止する
	1月23日	御講釈始(以後恒例となる)

明治2年1月24日	御歌会始（以後恒例となる）
1月25日	岩倉具視、輔相三条実美に政体および君徳培養、議事院の設置、遷都論を上呈する
2月24日	天皇の御東幸中は太政官を東京に移すことを達する
2月25日	公議所開設の詔
2月28日	岩倉具視、三事（外交・会計・蝦夷地開拓）を上呈する
	祈年祭の再興をなす
2月29日	賀茂社に参拝あそばされる
3月7日	天皇、東京行幸のため、京都を発御する（28日着御）
	公議所を東京に開く
3月12日	天皇、御東幸中に神宮を御参拝あそばされる（歴代天皇で初の神宮参拝）
4月8日	七官のほかに民部官を設置
4月9日	福羽美静を侍講となす
4月12日	福羽美静、初めて『日本書紀』を進講する
4月20日	天皇、小御所代に臨御、万機親裁を御諮詢
5月11日	新政府軍、箱館五稜郭に総攻撃を開始、箱館戦争起こる（5月18日　榎本武揚五稜郭を開城）
5月13日	議政官の廃止、議定・参与を行政官に設置
5月22日	弾正台の設置
6月17日	版籍奉還を実施、公卿諸侯を華族とする
6月25日	諸藩家臣を士族とする
6月28日	天皇、神祇官に行幸、国是確立を御奉告
6月29日	明治天皇の思召により、東京招魂社が創建（のちの靖國神社）
7月8日	職員令を定め、新たに神祇官・太政官の二官を置く（いわゆる明治太政官制の開始）
8月15日	蝦夷地を北海道と改称。
10月	第55回神宮式年遷宮斎行
明治3年1月3日	神祇鎮祭の詔、大教宣布の詔が出される。
1月4日	神祇官神殿鎮座（天神地祇、八神、歴代皇霊奉斎）

（参考文献）明治神宮国際神道文化研究所編『明治天皇御年譜　改訂版』、『改訂新版日本史年表』（河出書房新社）、靖國神社編『靖國神社略年表』など

参考文献（順不同）

宮内庁編『明治天皇紀　第二』吉川弘文館、一九六八年
的野半助『江藤南白　上・下巻』原書房（復刻）、一九六八年
岡部精一『東京奠都の真相』仁友社、一九一七年
木戸公伝記編纂所編『松菊木戸公伝』明治書院、一九二七年
立教大学文学部史学科日本史研究室編『大久保利通関係文書』吉川弘文館、一九六五〜七一年
多田好問編『岩倉公実記』原書房（復刻）、一九六八年
国立公文書館所蔵『太政類典』、『太政類典草稿』、『公文類聚』
文部省文化局宗務課『明治以後宗教関係法令類纂』第一法規、一九六八年
文化庁編『明治以降宗教制度百年史』原書房、一九八三年
文部省編『学制百年史』帝国地方行政学会、一九七二年
維新史料編纂事務局編『維新史　第五巻』明治書院、一九四一年
内閣記録局編『法規分類大全　第二六巻（社寺門）』原書房、一九七九年
常世長胤『神祇官沿革物語』神祇院教務局、一八八三年
神祇院編『社格制度の沿革』神祇院教務局、一九四二年
明治神宮編『新版　明治の聖代』明治神宮、二〇一二年。『明治天皇詔勅謹解』講談社、一九七三年。『明治天皇のみことのり』日本教文社、一九七五年。『明治天皇御年譜　改訂版』明治神宮、二〇一三年
村田峰次郎『大村益次郎先生事蹟』マツノ書店、二〇〇一年
辻善之助・村上専精・鷲尾順敬共編『明治維新神仏分離史料』東方書院、一九二八年
東京都公文書館編『都史紀要十三　明治初年の武家地処理問題』東京都、一九六五年

靖國神社編『靖國神社百年史』資料篇、靖國神社、一九八三年、『靖國神社百年史』事歴年表、靖國神社、一九八七年、『靖國神社略年表』靖國神社社務所、一九七三年
川田敬一『「五箇条の御誓文」を読む　改訂版』錦正社、二〇一二年
阪本健一『天皇と明治維新』皇學館大学出版部、二〇〇〇年、『明治神道史の研究』国書刊行会、一九八三年、同『明治神道史の横顔――思想・制度・人物でたどる明治の神道――』神社新報社、二〇一六年
阪本是丸『明治維新と国学者』大明堂、一九九三年、「明治の即位式・大嘗祭を繞る論争」『神社本庁教学研究調査資料第一輯』、「明治の即位式と大嘗祭」『別冊歴史読本　図説天皇の即位礼と大嘗祭』新人物往来社、一九八八年、『近代の神社神道』弘文堂、二〇〇五年、『近世・近代神道論考』弘文堂、二〇〇七年
武田秀章『維新期天皇祭祀の研究』大明堂、一九九六年、「神祇官首脳における『神話』と『維新』」『神道宗教』二四六号、二〇一七年、「「四時祭典定則」成立過程の一考察」『神道学』一三六号、一九八八年
野山嘉正編『言語文化研究Ⅰ』放送大学教育振興会、二〇〇二年
長島弘明編『言語文化研究Ⅰ』放送大学教育振興会、二〇〇七年
藤田大誠『近代国学の研究』弘文堂、二〇〇七年
伊藤之雄『明治天皇』ミネルヴァ書房、二〇〇六年
笠原英彦『明治天皇』中央公論新社、二〇〇六年
大久保利謙『岩倉具視　増補版』中央公論社、一九九〇年
田中　彰『明治維新』講談社、二〇〇三年
鈴木　淳『維新の構想と展開』講談社、二〇〇二年
石井寛治『明治維新史』講談社、二〇一八年
井上勝生『開国と幕末変革』講談社、二〇〇九年
毛利敏彦『江藤新平　急進的改革者の悲劇』中央公論社、一九八七年、『大久保利通　維新前夜の群像⑤』中央公論社、一九六九年
佐々木克『大久保利通』講談社、二〇〇四年、『志士と官僚』講談社、二〇〇〇年、『幕末の天皇・明治の天皇』

講談社、二〇〇五年
飛鳥井雅道『明治大帝』講談社、二〇〇二年
内藤一成『三条実美　維新政権の「有徳の為政者」』中央公論新社、二〇一九年
野口武彦『鳥羽伏見の戦い』中央公論新社、二〇一〇年
小林丈広『明治維新と京都　公家社会の解体』臨川書店、一九九八年
小倉慈司『事典　日本の年号』吉川弘文館、二〇一九年
所功・久禮旦雄・吉野健一『元号読本』創元社、二〇一九年
吉田久一『近現代仏教の歴史』ちくま書房、一九九八年
末木文美士・頼住光子『日本仏教を捉え直す』放送大学教育振興会、二〇一八年、第7章「近代の仏教1　廃仏毀釈からの出発」（大谷栄一執筆）
加瀬直弥・岡田莊司・嵯峨井建・藤田大誠・阪本是丸『神仏関係考　古代・中世・近世・近現代』神社新報社、二〇一六年
小林健三・照沼好文『招魂社成立史の研究』錦正社、一九六九年
大平和典『皇學館史話』皇學館大学出版部、二〇一九年
所功『近代大礼関係の基本史料集成』国書刊行会、二〇一八年
皇室事典編集委員会『皇室事典』角川学芸出版、二〇〇九年
八束清貫「皇室祭祀百年史」『明治維新　神道百年史　第一巻』神道文化会、一九八四年
山住正己『日本教育小史』岩波書店、一九八七年
天野郁夫『大学の誕生(上)』中央公論新社、二〇〇九年
松山　恵『都市空間の明治維新』筑摩書房、二〇一九年
東京都編『目でみる東京百年』東京都、一九六八年
宮地直一『神祇史大系』明治書院、一九四二年

尚、書名の年号は奥付の記載によるべきであるが、元号・西暦が混在するため、本書ではあくまで便宜上、西暦にて統一したことをお許し戴きたい。

あとがき

本書では、「はじめに」にも記した通りであるが、岩倉具視をはじめとして、大久保利通や福羽美静ら本書に登場する人物それぞれの維新期の神祇行政における活躍と、その施策が後世にもたらした影響、そして現代とのつながりを幾許かでも描きだそうと試みた次第である。明治初年の僅か一年間に凝縮された明治天皇をはじめ、個々の公卿や諸侯、志士たちの活躍の一つひとつが近代以後、現代に至るまでの一五〇年にわたる天皇や神社のあり方のみならず、日本の諸制度の基盤構築に繋がっていると考えると、これをダイナミックに描き出すまでの力量が筆者にはないことは重々承知しているが、ささやかなものであっても筆者の思いが読者に少しでも伝わればと願う次第である。

本書出版のそもそものきっかけは、『神社新報』紙上に平成三十年一月一日から十一月二十六日まで十四回にわたって連載した「明治百五十年　顧みる明治の御代——あの日あの時」と題した連載をもとに、刊行にあたって読者の理解の手助けとなるよう、連載当時には紙面の都合上、挿入できなかった文章や写真、図表などもなるべく多く加えるとともに、大幅に加筆修正したものである。それゆえ、連載当時の文章とは、その構成も含め大きく異なる部分も散見する点は何卒ご了承戴きたい。

なお、本書のもととなった連載記事を担当戴いた半田竜介氏（現在神社本庁嘱託、当時神社新報社記者）をはじめ、神社新報社の森下潤編輯長、小生のもとに自家製の慶応三年から明治元年に至る一年間の神祇関係事項を重ねた平成三十年カレンダーを持参して連載の執筆をお勧め戴いた大中陽輔編集局長、そして連載当時、丹念に拙文をお読み戴き、適切なアドバイスを戴くとともに、近代神道史についての研究に常々ご指導を頂戴している阪本是丸國學院大學教授に心より御礼を申し上げたい。また、本書刊行にあたっては、錦正社中藤正道社長に校正をはじめ種々のご理解とご助力を戴いたことにも謹んで御礼を申し上げる次第である。ここに記した方々以外にも國學院大學の教員各位、明治神宮国際神道文化研究所や神社本庁総合研究所の役職員方、あるいは学会等で交友を続ける研究者の方々をはじめ、筆者が日頃、学問的刺激を頂戴する方々からの学恩のお蔭であることも感謝申し上げたい。加えて、明治神宮、神宮司庁、宮内庁、国立公文書館、吉川弘文館等、絵図の転載を許可戴いた各位にも謹んで御礼を申し上げる次第である。

改めて考えれば、明治維新や明治天皇に関係した神祇関係史を発刊できることだけでも本当に有難い限りである。本書の刊行によって、明治天皇の御聖徳の一端を知ることに繋がり、斯界の発展・興隆のために僅かながらでも何かしらのお役に立てることがあれば、筆者としては望外の幸せである。

令和元年十一月三日　明治節の日に

藤本頼生

著者略歴

藤《ふじ》本《もと》頼《より》生《お》

國學院大學神道文化学部 神道文化学科准教授
昭和49年、岡山県生まれ。
國學院大學大学院文学研究科神道学専攻博士後期課程修了。博士（神道学）。
平成9年に神社本庁奉職後、平成23年に國學院大學専任講師を経て、平成26年より現職。専攻は日本宗教行政史、神道教化論、神道と福祉、宗教社会学など。

主要著書
『神道と社会事業の近代史』（単著・弘文堂、平成21年）
『神道と神様がよ～くわかる本』（単著・秀和システム、平成26年）
『よくわかる皇室制度』（単著・神社新報社、平成29年）
『鳥居大図鑑』（編著・グラフィック社、平成31年）
『地域社会をつくる宗教』（編著・明石書店、平成25年）
『神社・お寺のふしぎ100』（監修・偕成社、平成27年）

明治《めいじ》維新《いしん》と天皇《てんのう》・神社《じんじゃ》
――一五〇年前《ひゃくごじゅうねんまえ》の天皇《てんのう》と神社政策《じんじゃせいさく》――

令和二年二月十一日 印刷
令和二年二月二十三日 発行
※定価は表紙に表示してあります。

著者 藤本頼生
発行者 中藤正道
発行所 株式会社 錦正社
〒一六二―〇〇四一
東京都新宿区早稲田鶴巻町五四四―六
電話 〇三（五二六一）二八九一
FAX 〇三（五二六一）二八九二
URL https://kinseisha.jp/
印刷所 株式会社 文昇堂
製本所 株式会社 ブロケード

ISBN978-4-7646-0140-6